字开讲』丛书

汉字小史

徐丽群◎著

上海教育出版社
SHANGHAI EDUCATIONAL
PUBLISHING HOUSE

图书在版编目（CIP）数据

汉字小史 / 徐丽群著. — 上海：上海教育出版社，2020.12
（国学开讲）
ISBN 978-7-5720-0461-2

Ⅰ. ①汉… Ⅱ. ①徐… Ⅲ. ①汉字—汉语史 Ⅳ. ①H12

中国版本图书馆CIP数据核字(2020)第244783号

责任编辑 李梦露 杨林成
封面设计 王 捷

国学开讲
汉字小史
徐丽群 著

出版发行	上海教育出版社有限公司
官　　网	www.seph.com.cn
地　　址	上海市永福路123号
邮　　编	200031
印　　刷	上海昌鑫龙印务有限公司
开　　本	889×1194 1/32 印张 7.5
字　　数	175 千字
版　　次	2020年12月第1版
印　　次	2020年12月第1次印刷
书　　号	ISBN 978-7-5720-0461-2/H·0016
定　　价	35.00 元

如发现质量问题，读者可向本社调换 电话：021-64377165

前　言

2019年年末，经一位师姐引荐，有幸结识了上海教育出版社的杨林成编审。承杨编审抬爱，受邀在《语言文字周报》新开设的《汉字探源》专栏中连载汉字相关的小文章。连载一段时间后，杨编审提议我可以将文稿集结成册，以待后续出版。最初连载时原本没有很清晰的思路，只是以某一个常见字为起点，进而延伸至与其相关的一组字，并对它们的历史脉络进行一番梳理。这种连载的方式是断片式的，便于读者快速吸收，但对于某些源头复杂的汉字来说，很显然以短短一篇文章是很难梳理清楚的。因此，集结成册对于更完整地呈现汉字历史演变脉络而言是有利的。

考虑到成书的系统性，我们根据义类关联将全书述及的200余汉字分为十个单元，每个单元呈现一个主题，各主题由若干关系密切的汉字群组成。每个汉字群都谈及了若干个在字形、字音或字义上具有密切联系的文字，并尽可能以通俗而不失理据的方式呈现它们在历史演变中的关联。书名定为《汉字小史》，在谈具体每个汉字的历史源头之前，我们还有必要简单介绍一下汉字整体的历史发展过程。

关于汉字的起源，过去曾有诸多看法，总结起来主要有以下几个观点：结绳记事说、八卦起源说、仓颉造字说、图案刻画说等。据考古发掘所示，距今三千多年前的仰韶文化、大汶口文化等遗存中已有很多类似文字的刻画符号，当然这些刻画符号还不能确定可以称为文字，但或可认为它们属于文字产生之前的一个过渡阶段，可以算是文字发展过程中的一个史前阶段。作为记录语言的符号系统，文字的产生既非一朝一夕一蹴而成，也非一人一力独自造就，它是人类社会发展过程中集体智慧的结晶。

在文字历史发展中，有古文字和今文字之分，一般以小篆为界。上有甲骨文、金文、战国文字，下有隶书、楷书、草书、行书等。

甲骨文是我国目前可见的最早的成系统的文字，它因被刻写在龟甲、兽骨上，故称“甲骨文”。目前所发现的甲骨文主要用于记录商代王朝占卜等相关事迹，因此甲骨文也叫“甲骨卜辞”。甲骨文是 1899 年由金石学家王懿荣最早发现的，其出土地位于河南安阳的小屯村，那是商朝晚期的国都所在地。百余年来，各地总计出土的甲骨约有 16 万余片，所涉及的甲骨文单字总数约 4500 个左右，其中得到学界公认已被识读出来仅 2000 左右，尚有半数属于未识字。

金文是铸造在商周青铜器上的铭文，也叫“钟鼎文”。金文中包括商代金文、西周金文和战国金文等，但由于西周金文占比最大，故一般提到金文常常泛指西周金文。目前所发现的带有铭文的商周青铜器约有 4000 余件，所涉及的金文单字总数约 3700 个左右，公认已被识别出来的文字约 2500 个左右。

战国文字一般指战国时期除了秦小篆以外的其他各国文字，也常称为“六国文字”。在战国文字中，楚系简帛文字是一大宗。本书中所引简帛文字主要即指战国楚简文字。百年来出土的战国楚简约有 25 批左右，共计 3600 余支，所涉及的文字总数约 50000 余字，不重复的单字数量约 4600 字左右。

小篆是秦统一六国后在“书同文”的政策下，以秦文字为基础而略经简化后所创制的一种文字形体。习惯上把“小篆”前的秦文字称为“大篆”或“籀文”，而将“大篆”“小篆”合称为“篆书”。

汉字在世界文字发展的历史长河中始终居于举足轻重的地位，其原因就在于它是表意文字中唯一流传至今的活文字。汉字属于表意文字体系，但并不表示汉字中只有表意一种方式。许慎在《说文解字·叙》中将汉字按其造字方式的不同，详细归纳为：象形、指事、会意、形声、转注、假借，称为“六书”。

汉字的造字原理以取象（即象形）和会意为主，但文字作为记录语言的工具，它又必然是约定俗成的，是符合大众统一的思维的，不能你取一个象、他会一个意地任意妄为。随着时代的演变，人们的思维和观念也在转变，直至今日，很多人早已不知道很多文字在造字之初的意义。本书正是基于此点，力图通过对一系列汉字源头的探索，呈现汉字真实的历史演变路径。虽不敢谓能致“正本清源”之目的，但愿以鄙陋之见为汉字历史传播略呈绵薄之力。

徐丽群

2020 年 8 月

目　录 contents

壹

日出东方——汉字里的天文气象

日 旦 昃

“日”字《说文解字》解释说：“实也。太阳之精不亏。从口、一。象形。”它的古文字形体写作：

甲骨文　金文　简帛　小篆

“日”字的古文字形体非常象形，它整体就是一个太阳的形状。在《汉语大字典》中，“日”的第一个义项就是“太阳”，这是它的本义。在古籍文献中，“日”字用来表示其本义的情况有《孟子》中“天无二日，太阳也”，《列子·汤问》中“日初出，大如车盖”等。“日”的第二个义项是“昼，白天”。第三个义项是“地球自转一周的时间；一昼夜”。在一般文献当中，“日”的第二、三义项的使用频率远远超出其本义的使用频率。如《诗经》有“夏之日，冬之夜，百岁之后，归于其居”，这里的“日”就是指白天；《尚书》有“五纪：一曰岁，二曰月，三曰日，四曰星辰，五曰历数”，这里的“日”指的是一昼夜、一天。

太阳终究是远在天边的，人们在日常话语中单独提到它的机会并不多，因此文献中用“日”字来表示“太阳”的情况相对它的引申义而言，其实不算太多。但太阳又是人类赖以生存的恒星，世间万物能与之产生关联者不计其数，用它的本义来表意造字的情况自然也是数不胜数的。这就是为什么我们总是能比较轻易地理解，大多数以“日”作偏旁的汉字都与太阳之义有关的原因了。在汉字中用作偏旁的“日”字，基本上都是用为意符的，目的就在于限定这个汉字的意义范围，这比较容易理解。但另外还有一些比较不容易令人注意到的会意字，即其结构中确实存在“日”作意符的字，如不容易分割偏旁结构的独体字，以及在历史演变中发生了字形变化导致人们不易察觉其结构中的意符“日”的情况。

“旦”，是日出的意思。“旦”字由古至今的形体演变情况如下：

甲骨文　　金文　　楚简　　小篆

从它的字形来看，其表意似乎非常明确，上为“日”，即太阳，下为“一”，即地平线，字形整体表示的就是日出于地平线的意思。当然，这是现在一般对于“旦”字的解释。事实上，从文字学角度来说，“旦”字之下未必是“一”，也未必是所谓地平线。

在甲骨、金文时期，“旦”是个从日、从丁(古文字“丁”是一个方框形如“□”，与“口”字有别)的字。其下所从的“丁”，有学者认为是日影，指的是太阳初升之时尚未完全离开地面，故有阴影跟随的情况。这从上图第二个金文“旦”字中可以看出端倪。按照这个说法，则“旦”字应该是一个会意字。《说文解字》云：“旦，明也。从日见一上。一，地也。”这个解释就是认为“旦”应该属于会意字。

学术界还有另一种声音，认为“旦”字是个从日、丁声的形声字。如于省吾在《殷契骈枝》中说："契文旦字当系从日，丁声。丁、旦，双声并端母"，这就是说甲骨文"旦"字下的那个框形实际乃是古文字"丁"（金文中作实体的方块或圆块）。按照这个观点，有学者依循"旦"中声符"丁"的古音轨迹，追溯到"旦"字的文字来源应该是"诞生"之"诞"。"诞"指出生，"旦"为日出，二者不仅在语音上有联系，在意义上也同样具有互通性。

以上是有关"旦"字古文字形体的解释，孰是孰非还有待学者的进一步研究。

这里提到"旦"，还有必要再提一个与之关系密切的"昃"字。日出为"旦"，日中则"昃"。"昃"字从其现代汉字的形体看来，我们仅能从意符"日"猜测出它是与太阳有关的一个字，但下面的"仄"字是何意义，它又是怎么来的？为何用"昃"字来表示"太阳偏西"的意思呢？要解答这些问题，只能回溯到"昃"的古文字形体。

古文字"昃"的形体比较有趣，是一个歪斜的人形和日形的组合，字形如下：

甲骨文　　金文　　楚简　　小篆

"昃"字从其甲骨和金文的形体看来，所表达的意思就是太阳在照射到人时所呈现的人影倾斜之状。一天中能呈现出这种景象的时段，正是太阳从天际正中运行至偏侧的这一段时间，因此，"昃"字所表示的就是太阳将要西下的这一时段，即太阳偏西。《说文解字》："昃，日在西方时侧也。从日、仄声。"在此意义上，可以追溯到"昃"字与"侧"极有可能属于同源关系。古文字"昃"里的"人"就是一个正立面两手伸开的人形，但这个人形与常规的人形略有不同。在甲骨文中，这个人形不是立正的，而是倾斜的，而在金文中，该人形的头部被特意延长斜出以示意其倾斜之义。随着字形演变，这种表示人形倾斜的方式渐渐发生了讹变，到楚简字形时已经演变为在人形上多出一笔（日旁或置于人形的腋下，或讹作○形），直至小篆时，这种饰笔就变成了我们现在所看到的“厂”形。这就是“昃”字的形体变化情况。从现代汉字看来，“昃”是形声字，从日、仄声，但追溯到上古时期，我们才知道它其实是一个会意字。

晋东启

陆游的《春日杂兴》中说“花开款款宁为晚，日出迟迟却是晴”，取意花开虽晚争的是娇艳款款，日出虽迟终不吝晴光万丈。古人常借日出放晴来纾解心中抑郁情感，读来每每令人心境舒畅、豁然开朗。因为日出本身即包含了“向上登进”之意。比如表“晋升”之意的“晋”字。

光从“晋”字的简体形式很难分析出它与“日出”的关系，它的繁体写作“晉”，真正能体现它具有“日出”之意的，并不仅是它下部所从的偏旁“日”，还包括它繁体字形结构的上半部分。事实上，“晉”的古文字形体是上为两个“至”（即臸），下为“日”，它是一个会意字。

甲骨文　　金文　　简帛　　小篆

“晋”的字形按照古文字结构隶定出来的话，应该是“晉”，这也是“晋”的一个异体，所表达的是日出蒸腾之意。“至”的古文字形体是一支由上而下触底的箭矢之形，会意为箭矢至地，因此是“到、致”的意思。“臸”则是“至”的繁写结构。《说文解字》：“晉，进也。日出，万物进，从日、从臸。《易》曰，明出地上晉。”徐铉对此有按语说："臸，到也，会意。"《说文解字》解释"进"字则是"登也"，就是由下向上移动之意。"晋"字从日、从臸，臸是"到"的意思。以此推之，可知"晋"其实就是"日登进"之意，这也应是它的本义（许慎所说的"日出万物进"则并不准确）。"晋"的"登进"之意，后来又引申为"晋升"，表地位、级别或荣誉等有所提高的意思；"晋见"，表进而接见的意思；"晋谒"表进而谒见的意思等。

提到"日出"，一般人总会想到"日出东方"，其实不仅是"东方"与"日出"关系密切，汉字"东"本身也与"日出"之意有颇深的渊源。

"东"的繁体字写作"東"，其古文字形体如下：

甲骨文　　金文　　简帛　　小篆

"东"字《说文解字》云："东，动也。从木，官溥说。从日在木中。"从"東"的古文字形体来看，它的字形结构正是一个"木"形，在"木"形当中有一个"日"，其实它所会意的就是日在树木之间，指的就是日出时太阳近于地面，似在树木之间。因此"東"字在造字之初，所表示的本应该是与日出相关的意义，后来用来表示方位之"东方"，则是因声而来的假借。"東"字在甲骨文中就已经用来表示方位，其最早的造字本义难求，上述解释仅为其中的意见之一。

另有学者认为，"東"其实是"束"字的因声指事字。为什么这么说呢？因为"束"字的古文字形体与"東"近似，写作""（甲骨文），其形体是一个橐囊或口袋被两头束紧的样子，所表达的就是"束缚"之意。在"束"上加一横笔就成了"東"，这个横笔就

是指事符号(实际上,“柬”字的甲骨、金文或简帛文字中,也有与“柬”的这种古文字结构类似的写法)。这个意见不仅出于“柬”与“柬”在字形结构上的类似,还由于二者在古音上的密切联系,以及二者在出土文献中的用法有关。甲骨文中有“于柬”一词,读为“于东”;金文中有“柬夷”一词,读为“东夷”;战国文字有“柬并”一词,读为“东并”,这些都是支持该观点的佐证。当然,不论“柬”字在造字之初究竟为何,其后假借来表示“东方”之“东”是不争的事实。日出东方,故东方之“东”与“日出”的关系不可谓不深。

日出即为晴,“晴”字在《说文解字》中写作“夝”,解释云:“夝,雨而夜除星见也。”徐灏对此有笺注说:“昼晴曰晵。”这里提到的“晵”其实就是我们现在看到的简体字“启”。“启”的繁体写作“啟”,在古文字中,“启”字最常见的形态是从户、从口、从又,会的是以手开门之意(“口”为附加符号):

甲骨文　　简帛　　小篆

这是“启”的一般写法,但甲骨文中还有一个值得注意的形体,写作“”,由日、户、又组合而成,按照其结构隶定写出来就是“晵”,这也是一个“启”字。《说文解字》云:“晵,雨而昼夝也。从日,启声”,“夝”的意思是“雨而夜除星见”,是“晴”的意思,因此“晵”其实所表达的也是雨后天晴之意,它与“启”的以手开启之意有异曲同工之妙。

朝晨暮莫

“日出”为“朝”，“朝”字的简体结构虽然不明确，却仍能从中分析出“日”与“月”来，而这个“日”“月”，正是“朝”字本义的来源。“朝”字的古文字形体如下：

甲骨文　金文　简帛　小篆

“朝”字的甲骨文结构最为象形，象日、月并见于草木之间，这个画面正是清晨日初出而残月尚挂在天空当中的情景。这是清晨时分才有的画面，所以“朝”指的就是清晨这一时段。但在金文中“朝”字不从“月”而从“水”。有一种意见认为，这是由于“朝”常用以表“潮”之“潮”，它是“潮”的最初形体，因此金文中才写作从“水”。但它在铜器铭文中其实较多仍是以“朝夕”表示“早晚”之意的。到简帛文字中，“朝”的形体又写作从“舟”形，一般认为这个“舟”形即从金文的“水”形讹变而来。“朝”的写法由古至今产生了较大的变化，古文典籍中的“朝”其实常写作“𠦝舟”，如《说文解字》中就并未收入“朝”，而是收入了“𠦝舟”，解释为：“旦也。从倝舟声”。但通过对“朝”字形体的溯源可知，现代简体字中的“朝”反而是最接近“朝”字最初的形态的。而许慎所说的“从倝舟声”却并不准确，因为“朝”最初是一个会意字，“舟”非声符，而是文字演变过程中形体讹变的结果。

表清晨之意还有一个“晨”字。

“晨”字从日、辰声。《说文解字》云：“晨，房星为民田时者。从晶，辰声。”“房星”指的是古代二十八星宿中东方青龙星座之一的“房宿”。古人一般认为，房宿出现于东方地平线是春天到来的标志。而春为农田耕种之始，因此许慎认为，房宿意味着民作田时。“一日之计在于晨，一年之计在于春”，“春”与“晨”都有“始”的意义在内。“晨”字古文字形体最早见于楚简：

简帛　　小篆　　小篆

但在楚简文字中，“晨”字均作从“日”的形体，并未见到有从“晶”者。楚简中的“晨”字不见本义，多假借来表示“辰”，即十二地支中的“辰”。直到小篆时期，才看到有偏旁从“晶”的“晨”字，其结构由来很难追溯。不过古文字中偏旁单个与多个的情况时常不具有区别意义的作用，也难说最早的“晨”字究竟是从一个“日”还是多个“日”。

“气候辄未定，寒暄朝暮间”，与“朝”“晨”相对的，就是“暮”。

“暮”自然也是与太阳有关的字。太阳西下即为“暮”。“暮”字古文字形变化较多，但多有木（或草）、日等构件，它表达的意思就是太阳没入林木之间，即日暮时分。从语源关系上来看，“暮”的最初字形应该是“莫”。“莫”字的甲骨文从日、从林，是日落于树林之下的会意。古文字中的“莫”字形体较为多样，其中的“林”旁时而繁化为二林，时而简化作二中（即草）或三中、四中，甚至还有二禾等变化：

甲骨文　　　金文　　简帛　　小篆

“莫”字是直到西周以后，才因为文字声符化的趋势使其结构逐渐固定为从“茻”。“茻”是四个“中”，表示多草之义，读音为mǎng，因此它同时也是“莫”的声符，“莫”与“茻”的古音是相近可通的。《说文解字》：“莫，日且冥也。从日在茻中。”一般认为“莫”是“暮”的本字，因而从“莫”字派生出来的“漠”“墓”“幕”等字，均含有“暮”的本义或引申义。如“漠”字《说文解字》云“北方流沙也”，风卷起沙土聚积成丘体，丘即墓之形状，故又派生出“墓”字。“墓”指人入土，“没”指物入水，这都与“暮”之太阳没入林木之意息息相关。“幕”字《说文解字》说“帷在上曰幕，覆食案亦曰幕”，夜色降临即如帷幕覆于天体，因此有“夜幕”一词。

《说文解字》解释“莫”的时候，提到了“日且冥”。“冥”字从“昗”、从“冖”，一般认为它是个会意字。“昗”字见于《玉篇》中，解释为“日光也”。“冖”与“宀”一样，都是表覆盖物之形。因而“冥”字的形体结构，表达的意思就是日落幽暗之意。《说文解字》：“冥，幽也。从日、从六、冂声。日数十，十六日而月始亏，幽也。”许慎对“冥”字字义的解释是正确的，但有关形体结构的分析则值得推敲。

最后还有个“昏”字也需提一提。“昏”字的古文字形体写作“”，从日、从氏，其中的“氏”其实是“氐”的本字。“氐”字在《正字通》中解释为“止、下”的意思，因此“昏”其实就是日下之意，“黄昏”之“昏”用的是其本义。

阳昌昼晶星

说到太阳，除了“日”字以外，“阳”字也值得一提。“阳”字繁体写作“陽”。右边的结构是“昜”字，也读 yáng，它的古文字形体最早可追溯到殷商甲骨文时，但字的构造意图并不明确。

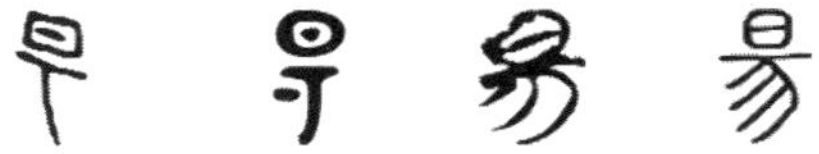

甲骨文　金文　简帛　小篆

而“陽”字的古文字形体则是：

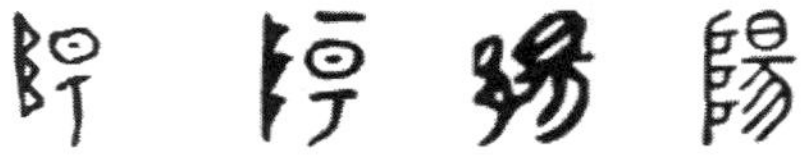

甲骨文　金文　简帛　小篆

有学者认为，“陽”字中的“昜”本身就有日出之义，故偏旁包含“昜”的“暘”“陽”“湯”“煬”等也多与太阳或火热之意相关。另外还有学者认为，该字表示的是日出于祭坛之上的意思（“日”下的“丅”形即古文字表示祭台或神主的“示”字），它应该是“暘”字的最初形态，故以偏旁“昜”为声符的字，不少都与祭祀相关，如“瑒”“禓”“塲”等。“昜”的造字意图得不到确释，也就无法深入理解“陽”的本义，以上说解可备参考。

有太阳则为白天，日上中天是为“昼”，指的就是白天。“昼”

字在《说文解字》中被解释为“昼，日之出入与夜为界”，意思就是太阳一出一入之间即为“昼”，这是与“夜”对应的。甲骨文中的“昼”即表“白昼”的意思，金文中也用它表“昼夜”之意，可见“昼”表白天的意思至少起于殷商时期。典籍文献中也可见此“昼”意，如《论语·子罕》云：“逝者如斯夫，不舍昼夜。”

与“日”字相关者，还见于不少民间的拆字游戏中。有这么一则拆字上联——“一日为日，二日为昌，三日为晶”，请人来对下联。这是一种民间的文字游戏，本是无可无不可的，但其中有解字有误的地方也不得不提出来，以正视听。

我们先看看所谓“二日为昌”。这里“昌”字是被不明就里地认为成“二日”交叠了。事实上“昌”字的结构并非两个“日”，而当是从日、从曰。它的古文字形体作：

甲骨文　金文　简帛　小篆

字形从日、从曰(一般认为它最初的形态是从“口”)，“曰”字在最初也有讹作“口”的写法，不论是“曰”或“口”都是表“说”的意思。从“昌”字的古文字形体可以看出，它其实本该是个会意字，会的是于日下讴歌的意思。有学者认为它其实是“唱”字的最初形体。《礼记·乐记》有“一唱而三叹”，典籍中也有将其中“唱”字写作“倡”的。《说文解字》云：“昌，美言也，从日，从曰。一曰，日光也。”是为其证。

再来看看“三日成晶”。“晶”字在《说文解字》中的解释是“精光也，从三日”，这么看来，所谓“三日成晶”的说法并非没有因由。但追溯“晶”字的最初形体，我们便可知道，它其实也并不是真的从“三日”。

甲骨文

“晶”字在甲骨文中更常见的形体是象三颗星或四颗星之形，它其实是“星”字的最初形体，是后来才引申为星光之义的。从三个“日”的结构可能是形体讹变的结果。

由“晶”字加注声符后，就分化出了“星”字，“星”的古文字演变情况如下：

甲骨文　金文　简帛　小篆

它的甲骨文结构是以两颗星或五颗星来表义，另叠加了声符“生”来表示读音。金文中的“星”则是从晶、生声。战国文字“晶”旁或省作“日”旁，小篆中也有或体的“星”字作“日”旁的。《说文解字》云：“星，万物之精上为列星。从晶，生声。一曰象形，从口。”“晶”“星”二字随着形体分化为不同的字，也用以表示不同的意义，但二者的来源却是一致的。

昔时

李白《金陵凤凰台置酒》有云："借问往昔时，凤凰为谁来。"凤凰究竟为谁而来我们并不可知，说到底忆古思今只不过是古人抒发情怀的方式。我们活在当下，若能以古鉴今，时刻保持自省，那"昔时凤凰"必有"为君而来"的一天吧。我们不妨就此追忆一番"昔时"。

"昔时"之"昔"，《说文解字》解为："干肉也。从残肉，日以晞之。与俎同意。"《汉语大字典》中"昔"字的第一个义项也是"干肉"，可见这是采取了《说文解字》的意见。事实上，"昔"字表"干肉"这一意思，最早就是出自《说文解字》，但许慎对这个字的解释是值得商榷的。所谓的"干肉"之义，其实是"腊(xī)"字的本义。而有关"昔"的本义，我们可以从它的古文字演变情况来作进一步理解：

甲骨文　金文　简帛　小篆

"昔"字在甲骨文中从日、从巛。"巛"字读如"川"，《说文解字》云："巛，害也。从一雝川。"这个"巛"是"灾"字的古文字最初形体。"昔"字从"巛"与"灾"有着密切的关系。甲骨文"昔"字是水形与日形的组合，一般认为它的造字本义体现了先民对上古时期洪水泛滥的记忆，洪荒时代属于过去的事，故以此来表示“昔日”之“昔”。“巛”其实也是“昔”的声符，“巛”字古音与“昔”字古音相近可以互通。金文“昔”字中的“巛”或有断裂之形，战国简帛文“昔”中的“巛”和“日”都略有形变，这是字形演变历史中常见的现象。古文字“昔”的意义主要就是表“往昔”之意，传世文献中也多是如此，如《论语·泰伯》云“昔者吾友尝从事于斯矣”。

“昔”在秦简中有借来表“干肉”之义的例子。此义后来用添加肉月旁的“腊”字来表示。《文选·七命》曰“耽口爽之馔，甘腊毒之味”，李善注释时引用贾逵之说“腊，久也”，是此之证。从“昔”字派生出来的字还有“错”“措”等字，但其意义都与“昔”字本义相差较远了。

“昔时”之“时”也是一个以“日”为意符的字。“时”的繁体是“時”，它的古文字形体演变情况如下：

金文　　简帛　　小篆

“时”字最早见于金文当中，其结构是上“之”下“日”，一般认为它是一个形声字，是从日、之声的字。也有认为它是“之日”的一种合文。“時”在楚简中已经变成一个从日、寺声的形声字。而“寺”字则是从寸、止声的。简体字“时”字变成从日、从寸，则已经失去了它原本的声符“之”或“寺”，于是便不可再认为它是形声字了。《说文解字》云：“时，四时也。从日，寺声。”石鼓文中则是将“时”假借来表“是”。相关用例有《尚书·尧典》中的“黎民于是变时雍”，《传》曰：“时，是也。”这是“时”字的假借义。

“时”的本义仍是与“日”有关的，一般认为如许慎所云，乃表“四时”之“时”。所谓的“四时”就是一年四季。“时”用来表示时间，其实还有一个“大时”和“小时”之分，“大时”就是指一年中的四季，而“小时”则是指一日之中的十二个时辰。后来“时”由记时单位慢慢引申出了“时光”“时机”“时代”等义。

月 夕 肉 舟

“人有悲欢离合，月有阴晴圆缺。”“月”不仅有阴晴圆缺，它还会由于其他形体的变化与之相似，而在汉字中呈现出许多不一样的“月”。

“月”“夕”二字古为一字分化，在甲骨文和金文中二者同形，均作：

月、夕：

甲骨文　　　　金文

月：

简帛　　小篆

夕：

简帛　　小篆

上一行甲骨文和金文中的几个字形既可认为是“月”，亦可认为是“夕”，但在下一行简帛文和小篆中，二者的形体就有了一定的区分，前二者为“月”，后二者为“夕”。有人不禁疑惑：为什么“月”和“夕”会同时使用一个形体来表示？二者孰先孰后？

《说文解字》:“月,阙也,大阴之精,象形。”古文字中的“月”字是象形字,所象者就是半圆之月或月牙形,也有的在“月”中加饰一个小竖点。其实“月”的本义就是月亮,但在古籍文献中的“月”字多用于表示月份,是其引申义。《礼记·礼运》说“以日星为纪,月以为量”,正是指此引申之义。“月”字用作月份的意思,最早在甲骨文中已经常见,占卜文辞常附记“某月”“在某月”等占卜时间。由于月亮只在晚上出现,因此“月”在后来又时常被用来表示“夜晚”之意,于是就有了“夕”。在语言文字发展历程中,当一个字同时用以表达两个较为常用的意思时,分化往往就成为一种常见的趋势。最初为了对“月”和“夕”这两个意思进行区别,其中一个字形中往往会多一个竖点或少一个竖点,例如最开始用空心之“月”来表示“月”这个字的话,另一个有竖点的“月”形就用来表示“夕”;相反地,假设用有竖点的“月”来表示“月”这个字,那空心的形体就表示“夕”。只不过由于不同时期的用法习惯不同,二者的区分往往处于互换的状态,因此在很长一段时间内,二者都容易出现混用的情况。随着“月”和“夕”这两个形体的越来越固定,二者的分工也越来越明确,但正因为存在混用无别的情况,才会导致后世对“夕”字的多种误解。

《说文解字》:“夕,莫也。从月半见。”许慎认为“夕”是指夜晚,即“暮”,但认为它是“月半”就是望文生义的曲解了。从上文可知,“夕”最初是借用了“月”字的形体来表意,它所表示的就是夜晚之意。在商周甲骨文和金文中,“夕”与“月”还由于分化未完成而往往混用不别,但到战国时期二者已经基本有明确的区分了。“夜晚”之“夜”本来也是从“夕”的字。

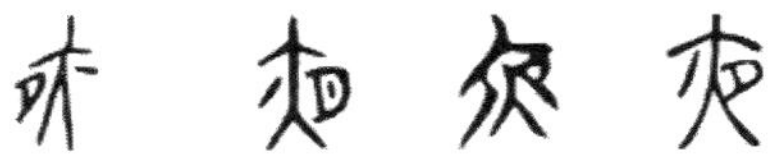

甲骨文　　金文　　简帛　　小篆

“夜”字古文字形如上，“夕”是其义符，“亦”是其声符。一般认为“夜”字是由表夜晚之意的“夕”字派生而来。

说到“月”，就不得不提到以“月”作为偏旁的一些字。在汉字学习中，有一个大家都耳熟能详的“肉月旁”。而且我们还发现，凡偏旁中有此“肉月旁”者，它所表达的意思多数是与人的身体或身体器官有关的。和身体有关的话，比较容易理解其中的“肉”字，但所谓“肉月旁”和“月”又作何解呢？

事实上，所谓的“肉月旁”原本其实就是“肉旁”，之所以称呼中有一个“月”字，仅仅是因为“肉”的写法与“月”相近而已。“肉”的古文字形体作：

甲骨文　甲骨文　简帛　小篆

从甲骨文字形来看，“肉”字是个象形字，它所象的就是一块肉的形状，其本义就是肉块。“肉”的甲骨文和金文写法与“月”的写法极其相似，甚至于到了战国时期的简帛文字中，其形体已经与现在的“月”字没有区别。小篆的“肉”和“月”则已经几乎同形了。正是因为这种形似，使得“肉”在用作偏旁的时候，经常与后世的“月”产生混淆。致使后世文字中，带有“月”这个偏旁的字，很难区分它究竟是“月”旁还是“肉”旁。因此唯有通过文字本身的意思来对二者进行区别：但凡与月亮有关的字，其偏旁中的“月”就是“月旁”，如“明、朗、期、朔”等字；但凡与人体或人体器官有关的字，其偏旁中的“月”则为“肉旁”，如“肚、肠、肺、脾、肥、胖”等字。我们现在之所以把表示人体相关的偏旁“月”称为“肉月旁”，大概就是为了与真正的“月”旁进行区分。

其实除了“月”和“肉”以外，偏旁“月”还有可能是从“舟”字转变而来的。“舟”字古文字形作：

甲骨文　金文　简帛　小篆

“舟”字也是个象形字，它所象的就是小船的形状，其本义就是小船。“弯弯的月亮像小船”，类似的句子我们听过很多，这正是因为小舟原本就与月亮在形体上具有很高的相似度。象形字取象于现实中的物体，那么现实中相似的两种物体被以象形的方式来造字，其所造的字在形体上相似也就理所当然。形体相似的两个字，在手写时代，随着写手的随意性变化，二者在形体上往往就很容易混淆，久而久之就易于趋同。这大概就是“舟”字在很多时候写进其他字中作偏旁时会讹变为“月”的原因。包含有“舟”讹变为“月”偏旁的字有“朕、俞、服、腾”等字，其各自的古文字形如下：

甲骨文“朕”　甲骨文“俞”　金文“服”　小篆“腾”

这些字后世所从者都为“月”，但从其各自的古文字形体可以清楚地看到，它们过去所从的偏旁其实都是“舟”。

很多人在学习汉字或解读汉字偏旁结构的时候，对于诸多带“月”的字，往往一时很难理解它究竟与“月亮”有何关系。只有掌握了“月”这个偏旁来源的复杂性，才能厘清各种“月”旁与它所在文字的具体关系，真正理解文字发展的历史脉络。

贰

年年岁岁——汉字里的山川四时

山阜颠

甲骨文　　金文　　简帛　　小篆

上列为古文字“山”，它是一个象形字，形体所呈现的就是一座有三个峰头状的山峰之形。《说文解字》：“山，宣也。宣气散，生万物，有石而高。象形。”许慎的解释未免曲折附会，事实上“山”的本义就是指高山。当然，“山”有大小、高低之分，《诗经·小雅》云：“如山如阜，如冈如陵。”所谓“阜”，其实也是山，它的古文字形写作：

甲骨文　　小篆

“阜”字单独作为文字仅在甲骨文中可见，它的形体其实就是“山”形竖向摆置的样子，是调转了方向的“山”，因此其本义仍旧是：山。《说文解字》：“阜，大陆，山无石者。象形。”所谓“山无石”，自然不可能真的是指没有石头的山，毕竟山上都有石头，它大概指的是不同形态的山。后来“阜”也用来泛指一切山之义。

一般都知道文字中包含“山”作义符的字，大多都与山石之义有关。而既然“阜”与“山”是一个意思，那么以“阜”作义符的字，其意义范畴也必然是与山石有关的。这里可举两个例子，如“降”和“陟”。“降”字古文字形写作：

甲骨文　　金文　　简帛　　小篆

“降”字是一个会意字，其字形由两部分组成：一部分是代表山形的“阜”，另一部分由两个“止”组成，“止”为“足趾”，其趾头方向一律朝下，因此这个文字形体所表达的含义就是一双脚沿着山路往下走来，这就是“降”。《说文解字》：“降，下也。”指的就是“降”的本义：由高处往低处去，即下降。类似用如本义的“降”字在典籍中有《尚书・禹贡》“是降丘宅土”，《仪礼・士冠礼》“降西阶一等”等。后来“降”由下山之降扩大词义为表示一切下降、下落之义，如著名诗句“不拘一格降人才”之“降”所表示的就是诞生、降生之义。

与“降”相反的就是“陟”，“陟”字读 zhì，其古文字形为：

甲骨文　　金文　　小篆

“陟”与“降”同为会意字，其会意的方式也一致，差别只在于“陟”中的两“止”朝向为趾头一律朝上，因此其字形所表达的含义就是一双脚沿着山路向上攀走之义，这就是“陟”。《说文解字》说“陟，登也”，指的就是“陟”的本义：由低处向高处去，即升登。《诗经・卷耳》中有“陟彼高冈，我马玄黄”，就是用如本义的例子。后来“陟”也扩大意义用以表示其他升登之义，如引申为晋升之义，《出师表》有“陟罚臧否，不宜异同”，就是此例。

还有一个从“阜”的字也应该是与“山”有关的。其字形作：

甲骨文

这是甲骨文“颠”的写法，它是一个会意字，字形从“阜”，另一构件是一个倒立的“人”形或“子”形，其整字所表达的含义就是一个人（或孩子）从山上跌落下来的样子，以此表示“颠倒”之“颠”。古籍中有借“颠”为“蹎”，用以表示倒下、仆倒之义，如《论语》有“危而不持，颠而不扶”。如将“颠”字甲骨文所表达的含义理解清楚了的话，那么《论语》中的用法则可认为不是假借，而是用如其本义了。《说文解字》说“颠，顶也”，过去一般认为许慎所说的“顶”是头顶之“顶”，但看甲骨文“颠”字的写法，也不排除它是“山顶”之“顶”的意思。“颠”字附加“山”旁则为“巅”，“巅”就是指山巅、山顶之义。是为其证。

水川州河

古希腊学者认为“水生万物，万物复归于水”，《道德经》亦有云“上善若水，水善利万物而不争”，可见“水”的重要性自古有之。

“水”是个典型的象形字，它的古文字形体很清楚地呈现了它的字义。

甲骨文　金文　简帛　小篆

《说文解字》：“水，准也。北方之行。象众水并流，中有微阳之气也。”从“水”的古文字形体可以看出，此字本就是象水流之形。而许慎所谓的“准也”，其实是以声训的方式解释“水”字。在古文字形体中，“水”形除了上述写法外还经常会省略两边的点缀，而直接以一条曲线来表示，但毫无疑问的是，这种水流之形可以说是从古至今一直承续着没变的。在“水”字的左右两侧再附以河岸，就是水流于河，这就成了“川流不息”的“川”字。

甲骨文　金文　简帛　小篆

上列即为“川”的古文字形体，从甲骨文中可以很明确地看出其中间部分就是“水”，而两侧的曲线可以理解为河道之形。所谓的“川”就是指贯通在河道中的水流。《说文解字》：“川，贯穿通流水也。”

河道中不光有水流，还有浮出水面的高地，也就是“州”。

甲骨文　　金文　　简帛　　小篆

从古文字“州”能看出在河道水流当中，有一“河州”之状的陆地。《说文解字》云：“水中可居曰州，周绕其旁，从重川。昔尧遭洪水，民居水中高土，或曰九州岛。《诗》曰：‘在河之州。’一曰州，畴也。各畴其土而生之。”许慎的意思是说，水中可居之所就是所谓“州”，水流绕着“州”旁而过。但他认为“州”字从的偏旁是重复的“川”形，这是对小篆“州”字的解释，其实甲骨、金文、简帛中的“州”都仅有一个“川”。而另一说“畴也”，则很显然并非“州”的本义了。有关“州”的解释还有另一种说法，是认为“州”字从“川”，“丩”声，甲骨文“丩”字就写作形。这种观点认为，“川”和“丩”是互相借用了笔画，故成了它古文字中的样子。字形发展到秦汉时期，其“丩”形就类化而变成后来小篆中的三个“丩”的样子。“州”与“洲”古时本是一字，“洲”很显然是由“州”派生而来。

“水”流成河，但其实与“水”有极大关系的“河”字，在字形源头上反而与“水”的关系并不如想象的密切。古文字中的“河”字其实就是从“水”“何”声的一个形声字。字形作：

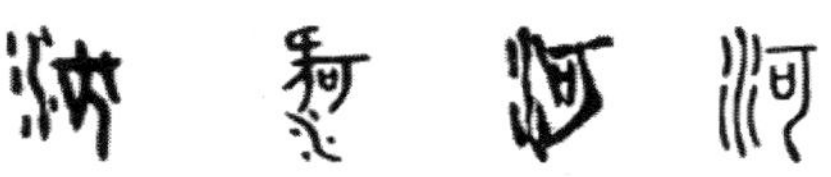

甲骨文　　金文　　简帛　　小篆

从甲骨文字形可以看出，“河”字左边就是水，右边是一个肩荷某工具的侧立人形（其实就是“何”字，后来作“荷”，表负担之意）。甲骨、金文里的“河”是形声字，其中的“何”就是它的声符，不承担字意。“河”字直到战国文字中才失却了其原本的象形，改以“可”为声符。因此才有《说文解字》“从水、可声”之说，但此说法与其最初的文字形体是不符的。

这里还可顺便谈一谈以水为之的“冰”。“冰”的古文字形体看起来与现代汉字关系不大。一般认为这就是“冰块”的象形。

金文　小篆

上为“冰”的古文字写法。甲骨文中不见单字的“冰”，金文“冰”所呈现的样子就是我们现在所见“冰”所从的“两点水”偏旁，也可认为这个“两点水”就是从古文字的“冰”字而来。《说文解字》：“冰，冻也，象水凝之形。”“冰”是严寒之物，从“冰”之字均有寒冷之义，如“寒”字下面的两点即是“冰”形。另如“凛冽”“冰冻”等字词。

丘坟墓

上列古文字即为“胸中有丘壑”之“丘”字。甲骨文中可明显看出“丘”就是两座土峰的象形，到金文中该土峰形状略有变化，显得不甚象形了，直至最后演变成现代汉字的样子，呈现了文字由象形向线条化演变的整体趋势。不同于由三座土峰形成的巍峨大“山”，“丘”字则是由两堆小土峰形成的小山丘之状，这正体现了“丘”字的本义：小山。

所谓“山丘”，就是指由高于平地的土堆积而成的，因此过去墓葬中高出平地的那一个土堆状即所谓“坟丘”，或径直简称作“坟”。“丘”的意思在后来又引申为“墟”“废墟”。“墟”字过去不从“土”旁，《说文解字》：“虚，大丘也。昆仑丘谓之昆仑虚。古者九夫为井，四井为邑，四邑为丘。丘谓之虚。从丘虍声。”这是许慎所解释的“丘”与“虚（即墟）”的密切关系。事实上，不仅是“丘”和“墟”，在古代“山”“丘”“岭”“陵”“墟”“峰”等，均有其独特的意义。如，“岭”的意思是“山道也”；“陵”的意思是“大阜也”；“峰”的意思是“山耑（端）也”。这些都是《说文解字》的解释，诸字在文字历史的演变当中，各自都本有其更为具体的含义，只是在语言发展中发生了词义扩大或词义缩小的变化，这是语言演变的常见现象。

上面提到“坟丘”，我们不妨再看看“坟”和“墓”的关系。

要提二者的关系，首先要搞清楚“坟”和“墓”究竟有什么具体的区别。其实根据上面对“丘”的解释就可略知一二。“墓”指的是埋葬时在地面以下所挖出的墓坑，墓室所在的位置即称为“墓”。相对而言，“坟”则是指“墓”上所高出地面的丘形封土。其实“坟”字最初的意思就是高地，如《诗经·周南》“遵彼汝坟，伐其条枝”，屈原《哀郢》“登大坟以望远兮，聊以舒吾忧心”，二者中的“坟”自然不是坟墓，而是用其本义“高地”。

现在我们还能在部分农村看到过去的坟墓，皆有一个高出地面的小土堆状，也就是都有所谓的“坟丘”。但其实在古代的墓葬礼制中，最初还有一段“墓而不坟”的历史。《礼记·檀弓》曰：“吾闻之，古也墓而不坟。”这里所透露的信息是，至晚在孔子时期已经存在“墓而有坟”的情况，但当时人还对“墓而不坟”这种古制有一定的尊崇。崔寔的《政论》有云：“文（周文王）、武（周武王）之兆（指墓地），与平地齐。”就是说在周朝，文王和武王这种君王的墓地都是与地平齐的，这就证明至少在西周时期确实是“墓而不坟”的。孔子崇尚周礼，故而他处于“礼崩乐坏”的春秋时期，却还在追怀周朝“墓而不坟”的礼制。不过之后随着“墓而有坟”的制度开始流行，“坟”与“墓”时常就成了一种常见的组合，在很多时候此二者就不再有太大意义上的区别了。

石厂

金文　　小篆

上书为古文字“厂”，甲骨文中未见，仅存金文与小篆形体。很多人或许会认为这个“工厂”的“厂”字倒是从古至今没有变过样子。但我们这里所说的“厂”，其实并非现在的“工厂”之“厂”。熟悉繁体字者必然都知道，“工厂”之“厂”在古时的字形其实是繁体字“廠”才对。

我们这里所说的这个“厂”读为“hàn”，它所表示的是山边岩石突出的样子，突出的岩石下方可供人居住。《说文解字》：“山石之崖岩，人可居。象形。”所以所谓“厂”，就是指这种山岸岩石。古文字“厂”“广”常常互为异体，基于“厂”字的本义，因此大多偏旁中有“厂”或“广”的字，都与山崖或房屋宫室有关，如“厕”“厅”“厓”“厦”“庵”“庐”“厩”等。而“工厂”之“厂”则是由繁体字“廠”在简化过程中选取了这个“厂（hàn）”字的结构为之。汉字简化过程中，往往容易选取古已有之的形体，这就造成了很多古今同形而本不同字的情况。

“厂”还有一个音读（ān），其实读此音者的“厂”过去是写作

"庵"的，就是尼姑庵之"庵"。但就"庵"字而言，它已经是一个形声字了，其所从的"广"才是它的意符，也就是它最初的表意形体。一般认为这个"广"就是"厂"，它所表示的含义正如上述"厂"一样，是常与屋舍有关的。正因此，才有了"庵堂"之义。

有一个字形与"厂"有很大关系，二者常被关联论及，那就是"石"字。过去一般说"石"同"厂"一样，也是山石之义，认为"石"字就是由"厂"演变而来(亦有观点认为二者本就是一个字)。如《说文解字》:"石，山石也。在厂之下；口，象形。"说的就是二者的继承关系。"石"字古文字形作：

甲骨文　　甲骨文　　金文　　简帛　　小篆

大约就是甲骨文"石"的第一个形体才使得过去有所谓"山石"之说，毕竟该形确实与上文所述"厂"字的古文字形体相似。但是后来经学者们研究发现，所谓的"山石"之"石"，其最初所象的形体应该是"磬石"而非"山石"。磬是古时的一种乐器，悬于空中，击之而发出清脆的乐音。这个"磬石"的形体在"声(聲)"的古文字中清晰可辨。虽说"石"为"磬石"，但在古文字中它所从的"口"形又作何解释呢？甲骨文中的"石"已呈现出从"口"的形体，于是金文、简帛、小篆等后世形体都继承了此形。事实上，这里的"口"本无意义。古文字常常为了区别字形，在某字中附加一个毫无意义的"口"。"石"中之"口"大概就是这么来的，只是到后来这个"口"形反倒似乎变得比这个字原本的形体更重要似的，一直遗留至今。这是我们学习文字古今演变需要引起注意的一点。

春夏秋冬

《尚书·尧典》曰:“(帝尧)乃命羲和,钦若昊天,历象日月星辰,敬授人时。”“授人时”即授民以时。可见在古代,百姓是按照帝王所颁授的“时”晨作暮息的。尽管尧帝所授之“时”并不只有“四时”,但“四时”是众“时”之首却是毋庸置疑的。“四时”按现在的理解来看,就是所谓“四季”,也就是《荀子》所说的“春耕、夏耘、秋收、冬藏,四者不失时,故五谷不绝,而百姓有余食也”之四时。

“春”,这个字的意思本不是用来表示四季之首的,它的造字初义其实是草木在阳光下萌生。“春”字的古文字形体如下:

甲骨文　　金文　　简帛　　小篆

从上述古文字形体看来,这些字似乎与现在的“春”字毫无相似之处。事实上,“春”字有一个古异体字写作“萅”,结构从“艹(艸,即草)”从“屯”从“日”,知道了这个异体字,就理解了上述古文字,它们所包含的结构正好就是这三个部件(甲骨文中还有“木”,古文字中经常有艸、木混用的情况)。而从甲骨文结构可以很明显地看出,正是草木在日光中萌生而出,其中的“屯”是用来表示该字读音的声符。

《春秋公羊传》有言:“春者何？岁之始也。”人们最初以“春”来表示一年之首,其实就是从它所表示的初生之义引申而来的。有意思的是,“春”的这种萌生、萌动之义,也在其他包含“春”的字中有所体现。如“蠢”与“春”字音近,《说文解字》释“蠢”为“虫动也”。《尔雅》则云:“蠢,动也”;“蠢,作也”。可见“蠢”字原本就有动、作之义,其愚钝之义是后来才有的。蠢蠢欲动,就是从“蠢”的这个动、作之义而来。

甲骨文　　金文　　简帛　　小篆

“夏”的古文字形体如上,最早的甲骨文中的形体是一个跽坐人形,突出了其头部的形状(即“首”字),在人形上部有“日”。随着字形演变,到小篆时期的“夏”已经渐渐失去了最初的象形,而呈现出现代汉字的大致形体了。

“夏”字包含有“大”的意思。《方言》释“夏”为“自关而西,秦晋之间凡物之壮大者而爱伟之,谓之夏”,这就是指“夏”的壮大义。这个壮大之义,在古籍文献中也较为多见,如《诗经·秦风·权舆》“於我乎,夏屋渠渠,今也每食无余”,诗中的“夏屋”就是指高大的屋子(一说大的食器)。《九章》有“曾不知夏至之为丘兮”,注曰:“夏,大殿也”,也是一例。

“夏”的这个高大、壮大之义,后来多用“厦”来表示,也即我们现在所说的“华屋广厦”之“厦”。中华民族自古称为“华夏”,其实“华”与“夏”在上古时期是同音的两个字。《尚书·舜典》云“蛮夷猾夏”,传曰“夏,华也”,正义云“夏训大也,中国有文章光华礼义之大”。因此有学者认为,“夏”用以表示大之义,而夏季正是万物皆长的时候，故用“夏”来表示夏天。当然这只是一说，有关“夏”字的考证还需进一步进行，但它被用以表示四时，很显然是借用。

“秋”是个很有意思的字，它的古文字形体与今文字相差较大。

甲骨文　金文　简帛　小篆

“秋”字的甲骨文形体是一只昆虫的形状。有人认为这就是秋收之际常见的蝗虫，古人正是以秋季常见的昆虫来表示这个季节。古代重农，人民的生活与农业分割不开，古人将关系到民生的四时与农业常见的事物紧密联系起来，似乎也是顺理成章的。此意见或可备一说。

秋季本为谷熟季节，《说文解字》：“秋，禾谷熟也。”与“秋”音近义通的字还有很多。如“秀”字的本义就是植物开花结果。《说文解字》中徐锴注“秀”曰“禾实也，有实之象，下垂也”，正是此证。古籍文献中也可见其例，如《诗经·七月》“四月秀葽”，传曰“不荣而实曰秀”，意思就是说，“秀”指的是不开花就结果的情况，这里的“秀”就是指结果。除了表示秋季以外，“秋”在典籍中还有表示“年”的意思，如《诗经·采葛》“一日不见，如三秋兮”的“秋”就是指“年”。这大概是因为古人每年收成一次，因此“三秋”就是“三年”（“三”未必是实数，可以概指多）。

甲骨文　金文　简帛　小篆

“冬”字的甲骨文字形很难解释，至今未有定论，但“冬”字是

“终”字的初文已经获得了学界的共识。《尔雅》有:“冬,终也。”《白虎通》云:“冬之为言终也。”可见“冬”“终”二字在上古时期至少在语音上是极其相近的。那么它们在意义上的关联又如何呢?《初学记》言:“冬,终也,万物于是终也。”《春秋繁露》:“冬,丧物之气也。”由此可见,“终”的意思就是指万物萎败、萧条,指的是万物的终点之义。在这个含义上,它与“冬”季万物萧条之义正好是一致的。

春、夏、秋、冬这四时的称呼,最早起源于何时还很难定论,但最晚应是起源于西周时期的。《诗经·豳风》就作于西周,其中《七月》有“春日载阳”,《小雅·出车》有“春日迟迟”等。而《尚书·盘庚》也有“若农服田力穑,乃亦有秋”之语。古人在四季中其实更重春、秋两季,此二者也更常被连用。常以“春秋”二字来表达一年四季之义,这也被古代编年体史书用来作为专名,如《孟子》所说的“晋之乘,楚之梼杌,鲁之春秋”,说的就是鲁国的史书《春秋》。

世年岁祀

唐代诗人刘希夷的《代悲白头翁》中有一句千古名句“年年岁岁花相似，岁岁年年人不同”，可谓道尽了时光易逝、世事无常。

甲骨文　　金文　　简帛　　小篆

上列古文字即为“年岁”之“年”。“年”字甲骨文看起来像一个侧立的人身上背负着稻禾之形，这个字形所体现的意思就是庄稼收成。甲骨文卜辞里常见有“受年”一词，就是指获得好的收成之意。《说文解字》：“年，谷熟也。”《谷梁传》：“五谷皆熟为有年。”这里的“年”都是指它的本义，只是这个本义后来换了一个“稔”字来表达，《说文解字》说“稔，谷熟也”，就是其义。谷熟的意思之所以变成由“稔”字来表达，其实是因为“年”字被借用于表示记录时间的“年岁”之义。古代借字经常有“一借不还”的情况，为了以示区分，往往只能退而求其次，为该字原本的意义另造一个字。而随着新字的出现，二字往往就此分道扬镳，分别用来表示各自不同的意思，很少再有瓜葛。

“岁”也是一个“有借无还”的字。其古文字形体如下：

甲骨文　　金文　　简帛　　小篆

甲骨文“岁”象一个斧钺的形状，这就是“岁”最初的意思：斧钺类兵器。有学者认为“岁”和“戉(即斧钺之“钺”的本字)”本就是一个字，二者在上古时期的语音是相同的。斧钺是一种杀伐的工具，因此“岁”在甲骨文卜辞中多用来表示“割裂祭祀用的动物祭品”，它是一种处理祭祀品的方法，也是一种祭名。可见早在殷商时期，“岁”就有了本义以外的引申义。根据《尔雅》“夏曰岁”的说法，“岁”字用来表示“年岁”的意思，应该比“年”“祀”等词更早，但具体是何时尚需文字材料的佐证。既然“岁”可以用来表示“年岁”，于是古人便把天体中用以确定年岁的星宿称为“岁星”，这就是我们常说的“太岁”。

除了“年岁”以外，表示相关词义的字还有“世”和“祀”。

金文　　简帛　　小篆

“世”的古文字形体如上。《说文解字》：“世，三十年为一世。从卅而曳长之。亦取其声也。”是说“世”字本是“卅”字的形体略有变化而来，也取“卅”之声。文字学家林义光在《文源》中否认了许慎所谓的“三十年为一世”的说法，认为所谓的“卅曳长”并非三十年之义，根据“世”的古文字形，认为它“当为葉(叶)之古文，象茎及葉(叶)之形。草木之葉(叶)重累百叠，故引伸为世代之世。字亦作葉”。林义光的解释符合“世”的古文字形体，从金文中我们也能很明显看出它的确像枝叶之形，许慎的解释或许只是由于古代习称三十年为一世而附会之。《论语·子路》曰

"如有王者，必世而后仁"，何宴集解中引孔安国曰："三十年曰世。"《论衡》亦有"且孔子所谓一世，三十年也"。

"世"是一种纪时词，从古至今它的词义范围一定会有差异。许慎时还认为"三十年为一世"；后来则常常指"世代"之义，如《诗经·大雅》有"文王孙子，本支百世"，《左传》有"从政三世矣"，这都是认为子承父业为一世；再到后来把人或人生在世上的一辈子称为"一世"，如纳兰性德有"一生一世一双人"等。随着"世"字词义范围的变化，与之相对的一些类似纪时词也就无法与之产生一一对应的关系，比如在古籍文献中，"世"与"代"就具有不同的含义。一般情况下，"世"多指人生在世一辈子，也用表父子相承一辈，如"四世同堂"就是指祖孙四辈人。而"代"还有表朝代之义，这是与"世"最大的不同之处。

"祀"字最常用的意思是泛指一切"祭祀"，它也是殷商时期的一种专门的祭祀名称。从殷商时开始，古人对祭祀鬼神就有着高度的执着。《说文》："祀，祭无已也。"就是说祭祀是一种连续不断的周期性的活动。在商代，一个较大的祭祀周期约等于我们现在的一年，随着历史演变，这个"祭祀"的循环周期便被冠以"祀"，慢慢地"祀"字就开始变成了表示时间的词。

叁

以人为本——汉字里的人形

人从众北

说及文字的起源，《周易》中有“近取诸身”的说法。“取诸身”的文字，首先得说到身，即人体。

“人”字的造字取象就是一个侧立的人形。古人站立躬身，垂臂于身前之形，就是现在的“人”字。

甲骨文　　金文　　简文　　小篆

“人”的形体简单易懂，列出古往今来的字形，不必多加解释大家都能理解。有意思的是，我们还可以利用“人”形通过各种会意或指事的方式造出更多相关的字。一人为“人”，二人则为“从”。“从”字甲骨文字形为，会意为一人随从而行，“从”的意思就是随从、跟从。“人”和“从”不论是古文字还是现代楷字，字形都是统一的，几乎没有变化。值得注意的是表示多人的“众”字。常言道“三人为众”，自然不是说三个人就是众人，古汉语常以“三”表示多数的意思。古人造字之初确实就是以三个侧立人形表示“众”的意思，但其实并非像现代楷书一样单纯是三个“人”字的叠加，古文字的“众”字是这样的：

甲骨文　　金文　　简文　　小篆

何以在造字之初，表示众人的意思要在三个人形之上加一个“日”形的偏旁呢？其实早在殷商时期，“众”并非现在的普通大众的意思，而是指身份低微的、为统治者服务的奴隶人群。甲骨文“众”字是个会意字，会意的是一群在太阳下劳作的奴隶人群。这让我们知道，最初的“众”字并非现在的“群众”之义，它的意义范围比现在要窄，商代的“众”是商王朝国家统治下的奴隶，他们从事农业生产，被迫参与狩猎等苦役，被迫参与军事行为，是一群不具有自由的被奴役人群。该字的正确楷化形体应是繁体的“眾”，我们现在仍可从这个繁体字中看出古文字的形体痕迹，上为“日”的形变，下为三个人形的变体，只是后来在繁体字简化过程中它才变成了现在的“众”。

除了“人”形的叠加外，人们还能以“人”形方位的变动来进行造字，如“北”字，甲骨文作，金文字形作。从形体看来正是两个背靠背的侧立人形，这其实才是“北”字的最初意义。人们用背靠背的两个侧立人形表示的是“背”的意义。后来人们想要表达“北方”的含义时，由于这个方位词过于抽象，实在难以找到合适的表达方式，于是借用了与之发音相似的“北”字来表示“北方”的含义。这么一来，这个形体就同时表达了“背”和“北方”两个含义。后来为了加以区别，人们便在表示“背”的意义时，附加了一个肉月旁（与人体相关的事物多用肉月旁表示），于是它们这才分化成了两个字。词语“败北”的意思其实与“北方”没有关系，而是指人打了败仗背转身逃跑。

卩 即 既 鄉

我们都知道，现代汉字中凡是“亻”旁的字，多与人有关，一般叫它“单人旁”或“人字旁”，这是古人造字取一个侧立人形“亻”（甲骨文）作为象形依据的缘故。除了这个明显的侧立人形以外，还有许多常见的汉字其实也是取象于人形的，只不过这些人形不是侧立的人，而是其他不同姿态的人。

在小学生习字过程中，有一个被称为“单耳旁”“单耳刀”或“右耳刀”的偏旁“卩”。由于该偏旁的形体看起来与左耳旁“阝”近似，常常令学童困扰不已错字频出。其实这个“卩”本身与耳朵毫无关系（当然“左耳旁”也与耳朵无关，这是另一个问题），它最初的原形就是一个侧面人形，只不过这个人形不是站着的，而是跽坐（古人坐时臀部贴于脚后跟的坐法），它的古文字形体如下：

甲骨文　　金文　　小篆

既然“卩”也是人形，那么以它作为偏旁的字，应该多半也是与人形有关的（除了后世形体讹变或假借的情况外）。战国简帛里未见单独的“卩”字，多只用作偏旁，如“即”字。“即”就是一个与人形有关的会意字，古文字作：

甲骨文　　金文　　楚简　　小篆

“即”的结构是“皀”（与现代汉字有些许变形）+“卩”，“皀”是古代的食器的“簋”（博物馆里多见，尤其青铜器），“卩”是一个跽坐的侧面人形。“即”的造字本义就是一个人趋近食器准备就食。这个本义在《说文解字》里仍保留着：“即，就食也。”它的本义在汉语历史中也一直存在着，后引申为接近、靠近之义，如《诗经·氓》有“匪来贸丝，来即我谋”；柳宗元《童区寄传》有“夜半，童自转，以缚即炉火烧绝之”等，现代汉语仍有“即席”“若即若离”等词语。

与人吃饭相关的还有一个字：“既”。和“即”形成对立，“既”的本义是食罢离席。甲骨文作，金文作。形体看起来似乎与“即”无异，但那个跽坐的人形在头部处特别突出了“口”形，而且口的朝向是与食器背离的，体现的就是人吃完食物后撇开头准备离席的意思。此后该字慢慢引申为“完毕”“已经”等义。如《谷梁传》有“既者，尽也。有继之辞也”；《论语》有“既来之，则安之”等语。词语有“既往不咎”“既而”“既定”等。和“即”“既”有关的，还有一个“乡”字。当然，简体字“乡”已经完全看不到它原始的痕迹了。“乡”字繁体作“鄉”，其实“鄉”已经是一个偏旁形体讹变的结果。“鄉”的古文字作：

甲骨文　　金文　　楚简　　小篆

“鄉”的古文字形所会意的就是两人相对共食的样子，它的本义是以酒食招待客人，也就是“饗”，古代“鄉”与“饗”互通，当作一字。知道了“鄉（乡）”的古文字结构，就能明白何以“鄉（乡）”有时也可通为“嚮”（即简体字“向”），表“面向”之义了。“鄉（乡）”通“嚮（向）”的例子可见《史记·田单列传》“东乡坐”，《左传·僖公三十三年》“乡师而哭”等。

印服报

单耳旁的“卩”，还有另一种称呼——“印耳旁”，据说是为了区分该偏旁与“阝”的不同，同时为了促进识字教育，便采用这个偏旁所辖字范围中较常用的“印”字为名，称之为“印耳旁”。其他似乎还有称作“硬耳旁”的，不知是否缘于音近混淆。识字教育中，类似的助记方法有时能取得事半功倍的效果，然而立足于语言文字发展的角度而言，我们始终认为，如能在识字教育中进一步深化文字的历史演变知识——挖掘一下“卩”旁的来历并将该偏旁的造字意图进行延伸说明，相信对于拓展人们的文化视野，促进语言文字的规范使用会更有助益。

之前曾说过，“卩”字的古文字造字意图就是取象于一个侧身跽坐的人形。其实上面说的“印”字，也是根据这个取象来造的字。那么“印”字与人形又有什么关系呢？“印”的古文字形体如下：

甲骨文　金文　简帛文　小篆

从这些古文字形可以看出，“印”字整体是一个侧面跽坐的人形，其上方有一个手爪之形。它其实是一个会意字，一只手抓住一个人。字的上部那只手，也就是后世偏旁中最常见的“爪”。“印”字从“爪”从“卩”，本义就是以手抑制住一个人，它是“抑”字的初文。后世借用它来表示“印章”之“印”，久借不还，于是就为“抑制”之义另外再造了一个提手旁的“抑”字。故而后世“印”字难寻其与本义相关的词，唯有玺印文字中的“印”字有按下的意思，应当是与其本义“抑”相关联的。后世“印章”之“印”虽为借用，但从其按压之义来说，也倒与其本义相差不大。可见假借或许也有其深意所在，汉字的奥妙正体现在此。

提到“印”，就不得不提另一个与“印”字关系微妙的字——“服”。从简体字看来，“服”字与“印”似乎毫无关系，但事实上，二字在最初造字时是有着密切联系的。“服”字，本作“𠬝”，“𠬝”的古文字形作：

甲骨文　金文

其形体左侧为表示人形的“卩”，右侧是一个表示手形的“又”(古文字形体中“又”旁均为手形，不拘左右手)。很显然，从字形看来，此字与“印”都是一人一手的结构，但它们的意义却由于两个结构相对位置的不同而产生了差异。“印”字是手在人上呈按压状，而“𠬝”字却是手在人背后呈缉拿状。《说文解字》：“𠬝，治也。”“𠬝”字的本义其实就是以手拿人、使其服从。后世追加“月”(其实是“舟”)旁，才成为现在的“服”字。

于此相关的还有一个“报”字。“报”字繁体为“報”，其古文字字形如下：

金文　简帛文　小篆

从古文字形可见，其左边的“幸”是一个古代刑具的象形结构，右边即为“𠬝”，这也是一个会意字，意思很清楚地表达着一手缉拿人，使其服刑。《汉语大字典》中“报”字的解释第一条就是“按律定罪；判决”，一般都认为这就是“报”字的本义。但从严格意义上来说，“报”字的判决之义乃是后世的一种引申义，它的本义应与其古文字形体表达的意义相同，就是缉拿人服刑。文献中记录“报”字本义的例子有很多，如《韩非子·五蠹》：“以为直于君而曲于父，报而罪之。”这里“报而罪之”的意思就是缉拿人并定其罪。《汉书·胡建传》：“知吏贼伤奴，辟报故不穷审。”颜师古作注曰：“报，论也。断狱为报。”这里的“报”应当也是拿人服刑之义。

儿 见 光 兄 先

汉字发展过程中，文字的结构形体经常会发生很多令人意想不到的变化。造字取象于人形的汉字中，也有一些由于人形偏旁的形态变化较大以致于令人难以将其与人形进行联系的例子。汉字中包含的人形偏旁，除了“亻”与“卩”外，还有一个现在简体看成“儿”形的字。

小篆

《说文解字》收录了这个似“儿”形的字，一般都将其释作简化字“儿”，对此字的解释是：“古文奇字人也，象形。孔子曰：儿在下故诘诎。”这里所说的“奇字”，指的是战国时期韩、赵、魏、楚、燕、齐这六国的文字，之所以称之为“奇”，是因为秦统一天下后，凡同时期的非秦文字都被认为是“异”是“奇”。《说文解字》的意思就是说，这个“儿”形的字就是战国时六国文字（或在六国文字基础上稍加变异）的“人”字。为便于称说，我们不妨遵从一般工具书的意见，将此字视作“儿”。这个“儿”字一般在其他字中用作偏旁而不单独出现，但其作为偏旁的构字意图仍旧是表示人形。偏旁中包含此“儿”形的字，比较有代表性的就是“儿”

的繁体字"兒",以及简体字"见""光""兄""先"等。

如上所述,"儿"字的形体其实是人形,它所表达的意思也是人,与"儿童"之"儿"不能等同视之。"儿童"之"儿"的表意方式要追溯到它的繁体"兒"。繁体字"兒",可以在各个时代的古文字中看到它的形体:

甲骨文　　金文　　楚简　　小篆

"兒"字象一个略显弯曲的侧面人形,其头部的"臼"形颇有特点。《说文解字》对"兒"字的解释是:"兒,孺子也。从儿,象小儿头囟未合。"学界一般对此说法比较认同,认为"兒"字就是象小儿头顶囟门未合的状态,以此形态来表示"儿童"之义。不过有关"兒"字的解释还有另一种意见:古文字学者李孝定在《甲骨文字集释》中说"契、金文兒字,皆象总角之形";古时少儿男未冠、女未笄时,会把头发梳成两个发髻,犹如头顶两角,故称之为"总角",常用以指代儿童。姑且不论是囟门未合的儿童,还是总角晏晏的儿童,总归"兒"字就是指儿童。

甲骨文　　金文　　楚简　　小篆

"见"字繁体写作"見",正是一个"儿"形之上附加一个"目"字,与古文字形体(古文字形中的"目"是横置的)完全吻合,字下的"儿"形原本其实就一个侧面跽坐的人形,在这个人形的头部突出了"目",也就是眼睛的形状,用以表示"看"的意思,这就是"见"的本义。只是简体字中将"目"形变化后,让人难以联想到它与眼睛的关系罢了。表示"看"的意思且同样有"见"作为偏旁的，还有一个“视”字，不过“视”与“见”的关系有些许微妙。多了一个“礻”作为偏旁的“视”，它的形体在甲骨文字阶段其实是与“见”字相差极小的。“见”的甲骨文字形是侧坐的人形上突出眼睛，而“视”则是侧立的人形上突出眼睛，写作“”，表示的也是“看”的意思。从“视”与“见”在早期写法的差异上可以看出，二者很显然是存在同源关系的，只是后期随着词义分工的差异而产生了分化。我们现在所看到的“视”是很晚之后才出现的，古籍中表达“看”的意义时，多用的还是“见”。

甲骨文　金文　简帛　小篆

“兄”字《说文解字》释为：“长也。从儿，从口。”“兄”字下面的形体就是侧立的人形“人”，其在人形头部特别突出了一个“口”形。黄约斋《字源》称：“（兄）象人跪在那里向上张着口，本是祝巫的祝，张口向上是对神祝告，古代巫祝地位高，故又有兄长之意。”类似的意见很多。一般认为古代在祭祀的时候由兄长进行祝祷，因此“兄”字是从“口”会意。

事实上，古文字中的“兄”字还有一个从“卩”从“口”的形体，如甲骨文中“兄”字还可以写作“”。其实在早期（如商周时期）文字中，“兄”与“祝”偶有混用无别的情况，因此有人认为“兄”字就是“祝”字的本字。“祝”字既可以写成从“示”从“口”从“卩”的“”形（甲骨文），也可以写成从“示”从“口”从“人”的“”形（金文），甚至还可以省略“示”旁直接以“”为之。古文字“兄”与“祝”的区分众说纷纭，始终没有得到明确的界定。目前一般认为独立的“兄”字是从“口”从“人”的，而“祝”字（不拘从“示”与否）中的“兄”则一般是从“口”从“卩”的。

从“祝”的形体多样性可以看出，至少在商周时期，从“人”或从“卩”其实是没有太大区别的。“祝”字的古文字形体是一个侧面跽坐的人形对着神主（右侧的偏旁，即“示”字）进行祝祷的样子，这就透露出“祝”字的本义与“祝祷”有关，而从古文字中“兄”“祝”混用的情况看来，尽管仍未明确“兄”字的造字意图，但应该可以推知它与“祝”字的用法是有所关联的，“兄”“祝”二字至少应该存在同源关系。《说文解字》云：“祝，祭主赞词者。”因此一般认为“祝”的本义就是祭祀中负责祝祷之人。现存此义的词语有“庙祝”“巫祝”等。

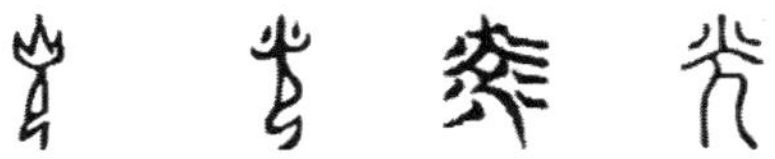

甲骨文　　金文　　楚简　　小篆

“光”字的古文形体是一个侧坐的人形，在其头部叠加了一簇火苗的形状，上面那簇火苗形正是后来的“火”字。人上有火，何以就是光呢？有学者认为古人执火照明，因此以人上附加火形为“光”。“光”字的造字本义目前还无从考证，但它是“光”字却是无疑的，本义就是“光明”，与现今的字义没有差别。

甲骨文　　金文　　楚简　　小篆

“先”字古文字字形上部为“止”（即脚趾之“趾”的象形）或“之”（“止”与“一”的组合，“一”表地面），下部为侧立的人形。这里的“止”或“之”表达的是一种足部的动作，古汉语中“之”就是“往”的意思。在侧立的人形之上附加一个表示足部动作的“止”或“之”，会意的就是在人前有所动作，表示前进。《说文解字》说“先，前进也”。词语“先进”“先导”中的“先”就是这个意思。

𡈼望企以介

“𡈼”字不是“壬”，后者是一撇之下加一个“士”，而“𡈼”则是一撇之下加一个“土”。“𡈼”字很少单独看到，它常用作某些字的偏旁。如“廷”“挺”等字所从的偏旁就是“𡈼”。“𡈼”的读音即为 tǐng，它的古文字形体如下：

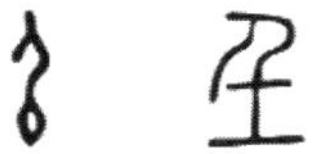

甲骨文　　小篆

甲骨文“𡈼”字从“人”从“土”，它所描绘的是一个侧立的人形，在其脚部有一个土块状物，所表达的就是一个人挺立于高处，有所瞻望。这个形体在古文字中也是常用作其他字的偏旁，如“望”字下部所从的实际并非“王”，而正是此“𡈼”（“望”字的声符是左上角的“亡”）。“望”字过去写作“朢”，其古文字形作：

甲骨文　　金文

其形体表达的是一个侧立人形，在人首处特别突出了“目”状，人脚立于高地，一副跂足而望的样子。金文中的“望”追加了一个“月”旁，是字形的繁化。字中的“𡈼”形在后世讹变为“壬”

为“王”，才有了现在的“望”。《说文解字》：“月满与日相朢，以朝君也。从月从臣从壬。壬，朝廷也。”其中所谓“朝廷也”自然是后世才有的意思。“壬”字最初的意思应该就是跂足而望之人，表示的是挺立之义，也就是“挺立”之“挺”的本字，“朝廷”之“廷”也由此而来。

与“壬”的用意相似的，还有一个“企”字。

甲骨文　　小篆

“企”字的甲骨文形体是一个侧立人形，并突出该人形下的脚趾形。该脚趾形就是“止”（也即“脚趾”之“趾”的本字）。字形发展到现代汉字中，仍旧为从“人”从“止”。人形突出其脚趾，就是突出人踮起脚瞻望之态。《说文解字》说“企，举踵也。从人止声”，可见“企”的本义就是人踮起脚来企望。典籍中多见“企”的本义，如《汉书》“日夜企而望归”。以“企”组成的词语有“企望”“企求”等，都与瞻望之义有关。踮起脚瞻望之态让人不由得想到了一种动物——企鹅，企鹅站立时就常常显示出一种瞻望之态，似乎有所企盼的样子，有人认为“企鹅”正是因此才得名的。

在人形腿部增加笔画或部件以形成新的字形的情况，还有一个“千”字需要提一下。

甲骨文　　金文　　简帛　　小篆

“千”的甲骨文字形是一个侧立的人形，并在人脚部施加一个“一”形的横笔，其形体看起来与现在的“千”字差别不大。“千”是一个抽象概念，古人造字很难以象形的方式为抽象概念造字，因此才会有了指事、会意和形声等造字和用字方式。一般认为之所以以人形上附加一笔的形体来表示数字“千”的意思，是由于“千”字的古音与“人”很相近的缘故。

还有“介”字。

甲骨文　　简帛　　小篆

“介”字的古文字形体是一个侧立的人形，在其身侧左右的点状物其实是护甲，所以“介”本义就是介甲。典籍中常见“介”的本义，如《左传》有“不介马而驰之”，《史记》有“急则用介胄之士”等。

女 母 毋 每

《说文解字》:“女,妇人也。象形。”“女”字的古文字形体如下:

甲骨文　　金文　　简帛　　小篆

“女”是一个象形字,它所象的是一个两臂垂于胸腹处、端庄跽坐的女子形。这就是“女”字的本义:妇人。《诗经·氓》:“士之耽兮,犹可说也。女之耽兮,不可说也。”一般不作具体特指时,“女”作为与“男”相对的含义,它所指的就是凡性别为女性者。但当作对比称谓时,“女”指的是未婚女子,而已婚女性则对应的是“妇”字。后世“女”又引申为表示女儿之义。而古籍中用作“汝”的“女”字,则是一种假借关系,与“女”之本义无关,如《诗经·硕鼠》“三岁贯女,莫我肯顾”,《论语·为政》“诲女知之乎”。

被称为“妇”的女子,最终都会成为母亲,故“母”亦从“女”而来。“母”的古文字写作:

甲骨文　　金文　　简帛　　小篆

“母”字也是一个象形字，它的形体所描绘的也是一个女子的形态，不同于“女”的是，它在字形表示胸前的部位增加了两个小点，以此表示哺乳。哺乳中的女子自然就是指母亲了，因此这就是“母”的本义：母亲。《说文解字》：“母，牧也。从女，象怀子形。一曰象乳子也。”后来“母”字所表达的含义被延伸为凡一切母性之物，与“公”相对。由因“母”有绵延子嗣的特点，其义又引申为事物的源头、本源，如《老子》“以为天下母”，俗语称“酒曲”为“酒母”，还有词语“字母”“母公司”等皆为其例。

上列为古文字中“母”的典型写法，但其实在实际使用中，“母”“女”二字是可以互通的。不仅如此，“母”还可以与“毋”互通。如甲骨文中“母”就常用作表示否定词，即“毋”，这是由于二者在古文字字形上的相同所致（“毋”的古文字形与“母”完全一样）。一般认为，“母”“毋”二者本来就是一个字，是由于二者的用法差异才导致分化为两个字的。《说文解字》：“毋，止之也。”作为否定词的“毋”与“勿”相近，表达的是“不要、不可”等义。

古文字中的“母”“女”相通，因而从“母”旁的“每”字其实最开始是从“女”旁的。“每”的古文字形写作：

甲骨文　　金文　　简帛　　小篆

有关“每”字的形体解释众说纷纭莫衷一是。它最早的形体是一个女子形象，在女子头部有附加一个似“屮”的形体，未知其义。一般认为“每”字与“母”字是一字分化，为便于与“母”区分，故在“每”上作指事符号以区分。甲骨文卜辞中的“每”字是用为假借的，可假借为“母”“悔”“晦”等字，借为“母”的或可认为是其原形写法。“每”作代词、副词等用法，都是后起之义，与其本义应该没有关联。

古文字本没有完全定形，经常出现一字多用或多字一用的情况，这是各种同源字、分化字、孳乳字、假借字等出现的最大原因之一。这种情况体现了文字历史演变的非单一性、非单线性。我们在分析文字结构和它的历史演变时，应当对此提起注意。

子好字孔

“女”字是女子的象形，“子”字是孩子的象形。古文字“子”的形体如下：

甲骨文　　金文　　简帛　　小篆

“子”是一个象形字，它所象的正是一个幼儿的形体。幼儿头较大，字形突出其头部，部分字形还在其头部附加了毛发之形，这就是表示孩子之义的“子”。《说文解字》：“子，十一月，阳气动，万物滋，人以为称。象形。凡子之属皆从子。李阳冰曰：‘子在襁褓中，足并也。’”许慎引李阳冰的意思是说“子”形腿部以一条线表示，指的是婴孩并腿裹在襁褓之中的样子。这与古文字“子”形是一致的，因此“子”的本义就是婴孩。

以一“女”、一“子”的形体合并成的字形，就是“好”。

甲骨文　　金文　　简帛　　小篆

“好”字从古至今都是“女”“子”组合而成。对于“好”字的理解，有人认为其中的“女”和“子”的组合是一种并列的关系，如当代就有很多人认为夫妻二人拥有一子一女即是“好”。这种观念其实是过去对“好”字结构理解的一种残留。对“好”中两个构件的理解，还有一种观点，认为“好”中的结构基本上都是“女”字大、“子”字小，二者呈现出的并非并列关系，而是一种附属或归属关系，故“好”字当解释为“女有子”或“女产子”等义。如甲骨文“好”字中的“女”与表示妇女分娩的“毓”（即育的初文）字所从的“女”一样，是指成年的女性。其中的“子”与哺乳幼儿的“字”字所从的“子”一样，是指男女幼儿。基于此，就有了与此相应的认识：最初的“好”字，大概是与成年女性具有生育能力有关，古人以生育之事为“美”，为“好”，这其实是上古社会生殖崇拜观念的一个体现。而“字”字从“宀”表屋下之义，“子”为幼儿，因此“字”的意思就是于屋檐下哺乳幼儿，指的是女性所具有的生育相关的能力。由此认为词语“待字闺中”的“待字”二字就是指待女子具有生育能力之后即可婚嫁。当然这只是众多观点中的一种。

甲骨文“毓”

金文“毓”

金文“字”

简帛“字”

事实上，古文字中的“好”未必就是一个会意字，也就是说未必是表示母亲抱着孩子的意思。我们知道上古时期曾经历过母系氏族阶段，或许由于母系氏族的遗存，商代人们往往在姓名用字上附加一个“女”字，如后世的“姬”“姜”等字。商代人以“子”为姓，故其氏族所用的姓名字就在“子”上附加一个“女”，就成了“好”。因此在这里的“子”其实是作为声符用的。“好”字在商代最常见的用法是“妇好”，这是一个人名。“妇”是对商代王室中某类女性的尊称，“好”则是指这位妇的名字或氏族称谓。“妇好”是商朝武丁时期著名的女将领，同时她也是商王武丁的配偶。河南安阳现有“妇好墓”，是我国商代考古发现中的重要遗存之一。

说到“好”，还有必要提一下与之相关的其他几个字。《说文解字》在解释“环”字时，说“环，肉好若一谓之环”，这里的“肉”指的是玉环中有玉的那部分，而“好”就是玉环中间没有玉的那个孔，因此“好”就是“孔”。再看《说文解字》对“孔”字的解释：“孔，从子从乙……乙，请子之候鸟也。乙至二得子嘉美之也。”再有“乙”字的解释为“乙，玄鸟也”。“玄鸟”就是《诗经》中“天命玄鸟”之“玄鸟”，一般认为它出现在春分时节。春分为万物生发之际，故“好”“孔”二字，都具有表示生殖繁衍之义。

尸尾尼屎尿

“尸体”的“尸”虽说是死物，但事实上它本来也是由人体的象形而表意的。古文字“尸”作如下形体：

甲骨文　金文　简帛　小篆

“尸”是个象形字，从字形上看，“尸”与“人”的写法差异仅在于侧面人形的腿部有明显屈曲状。一般认为这是死去的人形体僵直的样子。《说文解字》：“尸，陈也。象卧之形。”许慎所说略有所误。古人在祭祀时，常以子孙扮作祖先的样子，以代替祖先接受祭祀，这个代替者即称为“尸”。后来在“尸”上加注了一个“死”，成为“屍”，这才是我们后世所说的“尸体”之“尸”。

甲骨文中有一个字形其形体与“尸”无异，但它却一般被认为是“夷”字，也就是古代东方的少数民族“东夷”之“夷”。“夷”字中的“弓”状形体一般认为是到了西周时期才附加的，在商代它是以“尸”形表示。而古文字中，从“尸”的字，并不真的与“尸体”有关，而都是与人形有关。

如“尼”字，其古文字形体写作：

甲骨文　　简帛　　小篆

“尼”字古文字的写法是一个曲躬的侧面人形，依靠在几上（或认为是依靠在另一个躬身的人背上）。但这个字在甲骨文中并未单独出现过，而是作为偏旁出现在“秜”等字中。后世字形虽演变为从“尸”旁，但观其古文字形体可知它本是从“人”形的。

同样从“尸”旁的“尾”也是如此，其古文字字形作：

甲骨文　　简帛　　小篆

“尾”是个会意字，其形体正是在一个人形臀部后方缀以一束毛状物，似尾巴形。当然这并不是指人长了尾巴，而只是一种会意的表达方式。“尾”的本义就是指人或动物的尾巴。《说文解字》：“尾，微也。从倒毛在尸后。古人或饰系尾，西南夷亦然。”意思是说，古人常以毛状物系在后背处作装饰用，西南的夷族也是如此。许慎说的西南夷族或与甲骨文中的东夷一样，古人常以夷族的某些特殊装饰来对其命名，如甲骨文中的“羌”，即是指头戴羊形饰物的“羌”方国。“尾”字的情况应该与“羌”字是类似的。“尾”用以表示“末尾、末端”之义，则是由“尾巴”之义引申而来。

从“尸”旁但与人形相关的字还有“屎”和“尿”。在甲骨文中，“屎”“尿”二字分别被认为是如下二形：

甲骨文“屎”　　甲骨文“尿（溺）”

这两个字所表达的含义比较特别，均为一个侧立人形附加了少许点状。前一字形于人形臀部缀加了几个小点，一般认为是人大解后的秽物，因此认为它是“屎”字，战国简帛文字中“屎”字从“尸”从“米”可与之对应。后一字形于人形前身下方附缀了水点之状，因此认为这是“便尿（溺）”之“尿（溺）”字。此二形体是否确为“屎、尿”二字尚可商榷，录于此以备一说。

肆

近取诸身——汉字里的人体

首 頁 項 面 懸

古人造字除了取象整体的人形来表意之外，还经常取人体中的一些器官来象形表意。

甲骨文　　甲骨文　　金文　　简帛　　小篆

上举即为“首”的古文字形体。从甲骨文可以很明显地看出，这正是一个人的“首级”，也就是脑袋的样子。甲骨文中有侧面和正面两个形体，其中以侧面形体为主流，金文及其以后的字形中则仅见侧面形体。可见古文字正是以人的脑部象形来表示“首”字。“首”为脑、为头、为人之顶部，包含“首”的词语多有类似含义，如“元首”“首脑”“首肯”“首府”等。

将此“首”字画出其完整的身体形状后，则成了以下形态：

甲骨文　　金文　　简帛　　小篆

这就是“页”。繁体字为“頁”，其上部即为“首”，下部两点实为侧立人形的讹变。虽然此形画出了完整的人的身子，但其中仍旧以突出人形的“脑部”为特点，因此它的意思仍旧与“脑”有关。《说文解字》:“页,头也。”其实在诸文字中,表示与“头”有关的字,包含“首”的不多,但包含“页”的,则多与“头”有关。如“颈”“项”二字,均表脖颈之义(一表前颈,一表后颈),脖颈处于头部,故从“页”。还有“头顶”之“顶”、“头颅”之“颅”、“颜面”之“颜”、“脸颊”之“颊”、“额头”之“额”、“胡须”之“须”、“下颌”之“颌”、“颔首”之“颔”等等。“颠”也从“页”,“颠”最初的意思其实就是“顶”,后来加注“山”为义符,才有了“巅”,如我们常说“泰山之巅、紫禁之巅”等。

除此之外,与“首”的形体相近的还有一个“面”字不得不提。“面”是指“颜面”,它在人的头部占有较大面积,古文字以人首形象表示“首”,而为了用以区分,就在人首的脸部附近画一条曲线,以指示这是面部,这就有了“面”字。

甲骨文　　简帛　　小篆

“面”字不见于金文,简帛文字“面”略有繁化,到了小篆时期“面”中那一笔指示面部形状的符号则演变成了绕“首”一圈的轮廓。正如现代汉字“面”字所呈现的样子,将底部“凵”状视作这个轮廓符号的话,其中的形体正是“首”字的小篆写法。

“首”字在《说文解字》中还有一个形体写作“首”,在书写的时候,其头部的头发形状“巛”是一个较大的特点,而如果将此“首”字倒立过来的话,就会变成“𥄉”,“𥄉”字就是“县”(繁体“縣”)字所从的偏旁“県”。《说文解字》:“𥄉,倒首也。贾侍中说:此断首倒县(悬)𥄉字。”意思就是说“𥄉”即为倒悬的“首”字。“悬”字本作“县(縣)”,其繁体中所从的“系”本身就是附加的意符,即以丝线悬之之义。“县(縣)”字古文字形作:

金文　　简帛　　小篆

金文形体中能明显看出字形右侧就是一个倒立悬挂的人首，左侧是“木”，上部以绳索挂住右侧的人首，所表达的含义就是悬挂。简帛字形中突出了绳索的“糸”形，到小篆中则只能看到“倒首”和“糸”了。这就是“县(縣)”，也就是“悬”字。用作“县城”之“县”则是后世的借用。

目眉臣心

常言道："相由心生。"这是说一个人的面相是这个人内心的一种呈现。这里的"相"是个名词，指的是面相。将"面相"的语序调转为"相面"，则其中的"相"就成了动词。

作动词用的"相"字，从木从目，是个会意字。它所会意的就是以目（眼睛）观察树木，字形想要突出的是相看的意思，故该字的本义就是"仔细察看"，这与"视"的意思是有细微差别的。如《诗经·相鼠》"相鼠有皮"，亦如现在所说的"相面"。

"相"必须用眼，也就是"目"。"目"字的古文字形体是一个十足的象形字：

甲骨文　　金文　　简帛　　小篆

在甲骨金文中，"目"的象形度是最高的，连眼中的瞳孔都很清晰地描绘出来。到战国简帛文字中，其象形度开始减弱，小篆则几乎与现代汉字"目"无别了。在古文字中，字形的朝向很多时候是没有区别意义的作用的，也就是同一个字经常或左或右、或上或下而其意思不变。但"目"在古文字中的朝向却有一定的限制，大部分"目"字都是横置的，这也代表了人的眼睛正常状态下的朝向。而调转了朝向的“目”，则可能就不再是“目”字，而是“臣”字了。“臣”字的古文字形体如下：

甲骨文　金文　简帛　小篆

“臣”是象形字，它的古文字形体是一个纵向竖立的眼睛的形体。郭沫若从古文字“监”（古文字形作，象一个人垂首对着水盆自鉴状）字中垂首人形的眼睛为竖目状，认为“臣民均用目形为之，臣目竖而民目横，臣目明而民目盲”，意思就是说，俯首臣服者即为“臣”。古文字学家于省吾也说：“被俘之纵目人为家奴，引申为奴隶的泛称，臣，后之泛称。”总而言之，竖立的“目”尽管在形象上仍然是眼睛的样子，但它所表达的意思已经与眼睛有了天壤之别。

说到“目”，与“目”息息相关的“眉”也不得不顺便提一下。“眉”的古文字形体作：

甲骨文　金文　小篆

甲骨金文中的“眉”字简洁明了，“目”上有毛，自然就是眉毛了。只是字形到小篆中才有了较大变化，最终演变成现代汉字的样子。

“相由心生”的“心”也是个象形字，古文字形体就写作一个心脏的样子：

甲骨文　金文　简帛　小篆

甲骨金文的“心”字相对而言是很象形的，所象即为心脏的样子。简帛文字的“心”则略微拉长了，这种形体趋向竖长的写法与书写载体竹简有关，此形更像“竖心旁”之“心”。“心”的形状在作为偏旁时，随着字形的结构而有所变化，如置于字形左边则变成竖心旁“忄”，置于字形底下不仅有“心”字底，还有写作“⺗”的样子。因此从“心”的字有很多常常容易被忽略。如“恭”“慕”等字，恭敬和敬慕都来自心，故以“⺗”为意符。

耳取聽聞

甲骨文　金文　简帛　小篆

上列为“耳”字的古文字形，可以看出来，“耳”其实也是个象形字，它所象的就是人的耳朵的形状。甲骨文和金文中的形体象形度较高，到战国简帛文字中，字形已失象形，及至小篆形体就与现在所看到的“耳”字相差无几了。

明白了“耳”字的形体，有利于更好地理解与“耳”相关的其他几个字形的历史演变。如“取”字，其字形作：

甲骨文　简帛　简帛　小篆

它是一个合体会意字，所会意的就是以手执耳。何以“以手执耳”就是“取”呢？古代战争中，为激励兵士奋勇杀敌，常以杀敌数量来论功行赏。为便于统计，士兵需要在杀死敌人后，割下敌人的左耳留以领赏，这就是“取”字的由来。因此，“取”的本义就是割取敌人的左耳。《周礼》有：“大兽公之，小禽私之，获者取左耳。”正是此例。后来由“取左耳”之义引申为一般意义上的取、拿，如词语“获取”“收取”“取得”等。在古籍文献中，“取”还可以通“娶”，因为“娶”是将别家的女儿娶进自家，从某种意义上来说也是取得之义。“娶”字正是由“取”分化而来的。《诗经·南山》有“取妻如之何?”，《左传·哀公十二年》有“昭公取于吴”等例。

耳朵是听觉器官，与听觉相关的字必然也与“耳”脱不了关系。

甲骨文　　金文　小篆

上列为古文字“听”的写法，它们与现在的“听”字似乎看不出有何关联。“听”的繁体写作“聽”，字形与小篆形体是一脉相承的，但与甲骨金文中的字形则判然有别。甲骨文和金文中的“听”字，从结构上来看，是会意字。有关甲骨文“听”字的解释，可引徐中舒的意见：“字形乃以耳形着于人首部位强调耳之功用，从口者，口有言咏，耳得感知者为声，以耳知声则为听，耳具敏锐之听闻之功效是为圣。”意思就是说甲骨文“听”的形体写作一个侧立的人形，在其头部突出了耳朵的形状。而“口”形是指口有所言，耳朵可从中感知声音，这就是“听”。此外，耳朵能具有听闻的作用，是一种圣明的表现，这也是“圣”字的由来。“圣”字繁体作“聖”，其形体所从偏旁正是“耳”与“口”，一般认为“聽”与“聖”具有同源关系，亦有意见认为二者最初本就是同一个字。《说文解字》：“聽，聆也。从耳、惪，壬聲。”

同样表示听闻之义的还有一个“闻”字。《说文解字》：“闻，知闻也。从耳门声。”其实“闻”是一个后起字形，它最初的形体本不是这样。

甲骨文　　金文　　简帛　　小篆

甲骨文“闻”的形体像一个跽坐的人形，以手掩口，表示静默之意，同时在头部突出了耳朵之形，以表示侧耳倾听之意。因此“闻”的本义就是听闻、闻知之意。比起听觉之“听”，“闻”的意思偏向于主体本身的主动性。金文中的“闻”与甲骨文差别不大，但多出了一个从“耳”“昏”声的形体，这是字形朝形声化发展的趋势所致。该形体由战国文字直接继承，及至小篆中仍有此形。而后来从“耳”“门”声的形体，则应该是将原来的声符“昏”改换了声符“门”之故。

口曰甘舌齿牙自鼻

甲骨文　　金文　　小篆　　小篆

上列古文字一眼便可知它就是“口”字，字形如人之口状。《说文解字》：“口，人所以言食也。象形。”这是“口”的本义。“口”作为口唇是象形，与口唇相关含义者，必然都要以“口”为义符。如“曰”，它的古文字形为：

甲骨文　　金文　　简帛　　小篆

“曰”字是“六书”中的指事字，它的形体是在一个“口”形的上方，附加了一个短横为指事符号，以此提示口有所出者，也就是言、说。因此“曰”的本义就是“说、言”。《说文解字》：“曰，词也。从口、乙声。亦象口气出也。”许慎的解释略有屈曲之处，但大体解释了“曰”为言辞之“言”的意思。

与“曰”一样，也是在“口”形上附加了一个指事符号的还有“甘”字，其古文字形体写作：

甲骨文　　金文　　简帛　　小篆

“甘”也是指事字，它的指事符号在“口”内，一般认为是以此提示含在口中的食物之甘美，因此“甘”的本义就是甘美、甜美。《说文解字》：“美也。从口含一。一，道也。”许慎解“一”是牵强附会，但以“甘”为“美”是与其古文字形所表达的含义一致的。典籍中用“甘”本义的例子有《韩非子》“秦王饮食不甘”等。

除了在“口”形上增加指事符号以造字外，口唇中所包含的身体结构也必然要以“口”为形旁。如“舌”“齿”等字。“舌”字古文字形作：

甲骨文　　金文　　简帛　　小篆

“舌”字从“口”，字形所表达的含义是由“口”中伸出一个类似蛇信子的形体，且旁边还附有点缀状。一般认为这就是以蛇信子来代表“舌头”，因为人的舌头没有太大特点，很难通过形体来描绘出来，因此采用了非常有特点的蛇的舌头来表示。而字形中的点缀，一般认为就是吐舌所附带的唾液之形。因此“舌”字的本义就是舌头。

“齿”也存在于“口”中，它的古文字形体写作：

甲骨文　　金文　　简帛　　小篆

如同“口”一样一目了然，“齿”作为象形字，它的古文字形形象地呈现出了人口中牙齿的样子，这就是“齿”的本义：牙齿。在战国简帛文字中，“齿”字增加了一个“止”作为声符，自此“齿”成了形声字。古时“齿”与“牙”其实是有着细微差异的，在一般情况下，“齿”可以作为牙齿的通称，但当与“牙”对称时，“齿”则专指前排的门牙，而“牙”则专指后槽的大牙。

谈到“口”，此处顺便提一下与“口”相邻的鼻子。“鼻”字是个形声字，它的声符“鼻”其实是后来才添加的，最初表示“鼻子”之义的，其实是“鼻”字的义符“自”。

甲骨文　　金文　　简帛　　小篆

“自”是一个象形字，它所象的就是人的鼻子之形，这一点似乎很难令人想到。但正如《说文解字》所解“自，鼻也。象鼻形”，“自”字的本义毫无疑问就是指“鼻子”。那么后来何以表示“鼻子”的“自”会用来表示“自己”的意思呢？过去曾有一种观点认为，人在指称自己时，往往喜欢指着自己的鼻子处来提示这是“自己”，由此才有以表示鼻子的“自”形来指称自己。当然，这只是一种猜测，目前并未有相关证据佐证，也可能“自”用表“自己”之义，纯粹就是一种因声假借而已。由于“自”被借用来表示“自己”之义，故在表示鼻子之义时，就于“自”上附加了一个声符“畀”，才有了“鼻”字。

又有㞢囿友

“又”字是个象形字，它的古文字形体写作：

甲骨文　金文　简帛　小篆

字形所象的正是一只右手的样子，下为手臂部位，上为手爪之形。《说文解字》：“又，手也，象形。三指者，手指列多，略不过三也。”甲骨文里的“又”字可以读作“有”“右”“祐”“侑”等，金文也有读作“佑”等。“又”其实就是“右”的初文，其形体在古文字中基本以“右手”象形为主，但在用作偏旁表示手形时，则左右不别。

在甲骨文卜辞中，“又”字还用以表示祭名“又祭”（“又”通“侑”，一种以酒食配享先祖的祭祀）。在表示“又祭”这个祭祀名时，不光使用“又”这个字，还根据不同时期的用字习惯以“㞢”代“又”。“㞢”字的古文字写作：，它与“又”字除了形体差异以外，其余用法几乎没有差异，一般认为二者是一字异体。“㞢”在甲骨文卜辞中还有一个典型的用法，辞例作“月㞢食”，也就是“月有食”，意思就是“有月食”，“发生了月食”。这是“㞢”与“有”相通之证，亦可以此类推出“又”通“有”。古籍文献中“有”通

"又"的例子比比皆是，如《韩非子》"割地朝者三十有六国"等。此外，在用作祭名时，"又祭"或"㞢祭"也称为"侑祭"，因此"侑"在此时亦与"又"相通。

"又"在后世演变中追加了"口"形区别符号后，这才分化出了现在的"右"字。

《说文解字》："右，助也。""祐"字是从"右"声的一个祭祀名用字，金文里也写作"佑"，二者常有互通，《说文解字》"祐，助也"，《广雅》"佑，助也"，可为其证。根据"右"字《说文解字》的解释，可以引申出"助"的意思，进一步引申出辅助、劝勉、报答等意义。

"有"字不仅与"又"相通，它也是从"又"分化而来的一个字，其字形作：

金文　　简帛　　小篆

"有"字从"又"从"肉"，是一个会意字，表示的是以手持肉，其中"又"字也是它的声符。《说文解字》："有，不宜有也，《春秋传》曰：日月有食之。从月，又声。""有"的本义如许慎所言，是"有无"之"有"，《谷梁传》有"一有一亡（无）曰有"。以"有无"之"有"引申为凡存在之义均以"有"表示，如《老子》："天下万物生于有，有生于无。"

"囿"，《说文解字》："囿，苑有垣也。从囗，有声。一曰：禽兽曰囿。"也就是说，"囿"的本义就是苑囿。甲骨文"囿"字写作，象苑囿之中有草木形，这是"囿"字的初文，与《说文解字》中的籀文字形正好是相符合的。

一手为"又"，二手相携则为"友"。"友"字字形写作：

甲骨文　　金文　　简帛　　小篆

“友”字古文字形体从二“又”(甲骨、金文和简帛文字中的“友”,都有偏旁含“口”或“曰”的形体,古文字中常附加“口”形以示形体区别,这里的“口”是无意义的。“曰”与“口”同)。它是个会意字,字形所表示的意思就是两手相互扶携,也就是“友”的意思,其中的“又”也是声符。《说文解字》:“友,同志为友,从二又,相交友也。”

及攴更殳

“危楼高百尺，手可摘星辰。”手不仅可以摘星辰，还可以“摘”更多东西。汉字中与手形相关的字有很多，“及”就是一个典型的例子。

甲骨文　　金文　　简帛　　小篆

“及”的古文字形如上。它是一个会意字，字形上部是一个侧立的人形，其下（或后）部有一只手，二者相接触，字形所表达出来的意思是一只手要逮住一个人的样子。手即将触及人，故“及”的本义就是“赶上”。《说文解字》：“及，逮也。从又从人。”《左传·成公二年》“故不能推车而及”，用的就是这个本义。从“赶上”之义又引申为“到”“至”之义，就是我们常说的“过犹不及”的“及”。典籍中可见的还有《左传·隐公元年》的“不及黄泉，无相见也”。“及”在后世还引申用来表示“比及”之义，如《战国策·齐策》：“徐公何能及君也？”

通过以手形接触某物的动作来表达意思的字例，还有一个十分常见的“攴”。“攴”字读为pū，它其实就是现代汉字偏旁中最常见的“攵”，其古文字形体写作：

甲骨文　　金文　　简帛　　小篆

“攴”字在甲骨文中有单独使用的情况，但在金文和简帛文字中，“攴”均出现在其他文字中用作偏旁，而未见单独使用的情况。“攴”是个象形字，所象的就是一只手持着某棍棒状物，表示的就是扑打、击打的意思，这也就是“攴”字的本义：轻轻地击打。《说文解字》：“攴，小击也。从又，卜声。”许慎所谓的“卜声”未必十分准确，如“攴”甲骨文中的形体所见，其中手持者并非“卜”，而就是单纯的棍棒状，之所以后来这个棍棒状的物体慢慢由“卜”形取代，大概是由于“卜”不仅可以在形体上表达棍棒的形状，同时还能通过近似的读音来提示整字“攴”的读音。这种情况在古文字中一般被称为“形符声化”，就是造字者有意将表意字的形符改而以形似音近的另一个声符来代替，使得该字的形符在表形的同时还能具有声符的作用。这也是形声字发展的一个重要途径。“攴”就是这样的例子，最初的棍棒状仅用以表形，但改用“卜”作偏旁后，这个“卜”就兼表形和声了。

“攴”的击打之义用法较广，凡字形中带有“攴”（或“攵”）的字，多数都含有击打、扑打的意思，如“攻击”的“攻”所从的“攵”其实就是“攴”，“工”是它的声符，整字表示“攻打”之义就是从义符“攴”而来。

有一个本来从“攴”旁的字需要提出来说一说，那就是“更”。“更”字现在看来是一个独体字结构，但它最初其实是一个合体字，且是一个形声字，其古文字形体如下：

甲骨文　　金文　　小篆

从“更”的古文字形体可以看出，它是由两个部件所构成的，上部形体为“丙”字，下部是一手执棍棒状的“攴”字。金文中的“丙”形是繁化的两个“丙”。《说文解字》云：“更，改也。从攴，丙声。”可见“更”的本义就是更改，但它在造字之初就是采用了形声的造字法。因为“更改”作为一种抽象动作义，无形可象，故以“攴”表示其意义范畴，再加注声符“丙”以提示其读音（指的是古音中“丙”与“更”同音或音近），这就成就了“更”字。后来，“更”又由“更改”之义，引申为“更换”“替代”之义，如《庄子》：“良庖岁更刀，割也；族庖月更刀，折也。”后又引申为“经历”之义，如词语“少不更事”。汉代宫廷中当值人员一般分五个班次按时轮值，这五个班次就叫“五更”，“更鼓”“更值”等词便由此而来。苏轼有诗句作“先生骨清少眠卧，长夜默坐数更鼓”。

持棍棒物表扑打之义的形体除了“攴”以外，还有一个“殳”，其古文字形体作：

甲骨文　　金文　　小篆

“殳”与“攴”的意义几乎没有太大区别，均表手持棍棒物进行轻微地击打、扑打之义，二者的差别仅在于手持之物的形状。“攴”中所持者为普通棍棒，而“殳”中所持者在其头部有突出的锤状。因此“殳”在某些场合有其特殊的意义。如从“殳”的“鼓”字（“鼓”字的古文字形体作，其右旁为“殳”），它所表示的意思就是手持锤状物以击鼓。这里的“殳”必须是有锤状物的，否则若如“支”形，显然无法击鼓。但这是个别较为特殊的情况，一般情况下的“殳”与“攴”往往都是可以互通的，二者都可能演变为现在的“攵”。我们看到偏旁“攵”的时候，可知其可能与扑打之义有关，但未必能确定它过去究竟是从“攴”还是从“殳”。

止之寺志是

“手足”一词常用以表示手和脚，古文字中“手”很常见，但“足”却少见。这是因为在古文字中表示“足”相关的含义时，大多习惯用“止”。“止”的古文字形体作：

甲骨文　金文　简帛　小篆

甲骨文“止”字是个象形字，字形象脚趾之形，如上诸字形所示，其形体下部为脚掌，上部枝杈状是脚趾之形，一般情况下脚趾的朝向上下或正反都不影响其表意。因此“止”的本义就是脚趾，它是“脚趾”之“趾”的初文。后来“止”引申为表示“至”的意思。《字汇》：“止，至也。”又引申为停止、静止等意义。《吕氏春秋》“亦可以止矣”，高注“止，休也”。《广韵》：“止，息也。”《诗经·商颂》“维民所止”，郑笺：“止，犹居也。”《孟子·公孙丑》“可以止则止”，注“止，处也”。等等。这些用法均由“止”的本义和引申义派生出来。从“止”得声的一系列字都含有“止”的本义或引申义，如“址”的意思是基址；“沚”的意思是“小渚”，指的是水中可止息之地。

“之”字与“止”经常可以相同，这是因为二者在形体上极为相似之故。“之”的古文字形写作：

甲骨文　　金文　　简帛　　小篆

“之”字甲骨文和金文从“止”、从“一”，它是个会意字，“一”表示地面，“止”为“脚趾”，整字所表达的含义就是足有所至，其中“止”也是“之”的声符。“之”应该是从“止”分化而来的一个字，在甲骨文中“之”常有与“止”混用的情况，是为其证。文献中“之”常用于表示“到、去”之义，这与“之”的本义是相关的，如李白的著名诗篇《黄鹤楼送孟浩然之广陵》，其中的“之”就是去、往之义。

从“止”或“之”的字还有“寺”“志”“是”等。“寺”字被认为是“持”字的初文。《说文解字》：“寺，廷也。有法度者也。从寸，之声。”现在所看到的“寺”的上部，古文字中其实就是“之”，因此许慎认为其从“之”声。

“志”字古文字形体写作：

金文　　简帛　　小篆

“志”的古文字形由“止”和“心”两偏旁组成。“志”，《尚书·舜典》“诗言志”，蔡沈集传：“心之所之谓之志。”《论语·述而》“志于道”，朱熹集注：“志，心之所之之谓。”《诗经·关雎》序云：“诗者，志之所之也。在心为志，发言为诗。”以此看来，“诗、志”应该属于同一派生源头。

“是”字在《说文解字》中的解释为：“是，直也。从日、正。”许慎所说的“从日、正”是战国文字中“是”的形体，是已经有所讹变的结果。其实“是”字最早的结构是从“早”“止”声的。

伍

狼奔豕突——汉字里的动物

牛羊牢物牝牡

在象形字中，除了人形外，最多的就是动植物类事物的象形，尤其是动物。而动物类象形字首先就是“牛”字。“牛”是一个典型的象形字，但它的字形所象的并非完整的一头牛，而是一个牛头的样子。

甲骨文　金文　简帛　小篆

如上列古文字“牛”，甲骨文中可清晰分辨出它是一个正面的牛头形状，其上部是两个向内蜷曲的牛角形，该字整体就是一个牛头的轮廓描写，这是以事物的部分象形来代替整体的情况。类似的例子还有“羊”字：

甲骨文　金文　简帛　小篆

“羊”的古文字形所呈现的也是一个正面的羊头形状，它和牛头的差别仅仅在于二者犄角的形状不同，也正是以此不同来区分此二字。

牛和羊都是上古时期最常见的在祭祀中用于祭品的动物。

在甲骨文卜辞中，用作祭品的牛和羊，并不单独以“牛”“羊”二字出现，而是以“牢”字呈现。“牢”的古文字形体写作：

甲骨文　　金文　　简帛　　小篆

“牢”字是个会意字，其外部是圈栏形状的象形，也就是畜养牲畜的围栏，而圈内就是所畜养的牲畜，也就是牛和羊。从上列古文字可以看出，甲骨文和金文中的“牢”中所圈养的动物有牛也有羊。可见，在上古商周时期，“牢”字的写法相对还不够稳定，它所表达的可能主要是圈养牲畜之义，而不拘于所圈养的究竟是何种牲畜。这应该就是“牢”字的本义。

在甲骨文卜辞中，“牢”仅用于表示祭品，可见“牢”字至少在殷商时期所表示的是专门圈养来用以作祭品的牛或羊的。商代人崇尚祭祀，他们根据祭祀对象的尊卑、性别等差异，对祭品的选用也有非常严格的规制，祭品中的“牢”，与普通的牛羊应该是有区别的。周代祭祀中则把同时具备牛、羊、猪三种祭牲的祭品称为“太牢”，而仅有其中之二者则称为“少牢”，并以此来区别祭祀规格的高低。

“牢”字直到战国简帛文字中，其形体才固定成仅从“牛”旁而不再有从“羊”旁的写法，其词义也由圈养祭牲发展为圈牢，出现了现在所见专用于关押罪犯的“监牢”之“牢”义。而后又因“监牢”所具有的“牢固”性质，再引申为“牢固”之“牢”义。

牛羊用作祭品在商代是十分普遍的情况，不仅因此产生了用作祭品的“牢”字，还产生了用作祭祀法的“物”字。“物”字古文字形作：

甲骨文　　　　小篆

“物”是一个会意兼形声的字。从甲骨文字形中可以看出，它从“牛”从“勿”。“勿”在甲骨文中所象的是一个“刀”形，其周围点状一般认为即切割动物祭品时的血点或碎肉状。该字甲骨文形体就像以刀切割作为祭品的牛，这是一种处理动物祭牲的方式，也叫用牲法。甲骨文中的“物”字，最初其实是“勿牛”二字的合文。在甲骨卜辞中，“物”字中两个偏旁的写法不仅时而为上下结构，时而为左右结构，还常见有二字分开书写的情况，这就是该字最初为合文的有力证据。所谓合文，就是原本写作两个字的词，由于其用法过于固定之故，往往将其合并书写在一个字符空间内，乃至于最终此二字从形体上看起来成了一个合体字的情况。古文字中的合文是常见的文字书写特例，与重文符号类似，此处不一一举例。

《说文解字》：“物，万物也。牛为大物，天地之数起于牵牛，故从牛、勿声。”这是一种牵强附会的观点。对于“物”字的解释，学者一般较多认为它的本义是杂色牛。《诗经·小雅》有“三十维物”，传曰：“异毛色者三十也。”这里对于“物”的解释就是杂色，正是从所谓“杂色牛”的本义而来。“物”的本义究竟为何，目前尚没有十足的证据可以明辨是非，但就目前所能看到的最早的殷商甲骨文卜辞来看，它在当时最主要的用法还是作为祭祀用牲法的。而就其字形所表明的意思来看，亦与处理动物祭牲的用法一致。因此，我们有理由相信，“物”字的本义与此有关的可能性显然更大。

牛羊等动物不仅能作为祭品，还能从其字形中分化出其他意思，如增加不同的偏旁结构，用以分化出表示动物雌雄的“牝”

"牡"二字。

甲骨文　　简帛　　小篆

"牝"字的本义是指雌性。它的甲骨文字形写法十分多样，是一个表示雌性意思的"匕"("匕"象何物暂未有明确定论，但它是"妣"字的原形，表示雌性）附加在动物字旁，动物主要有牛、羊、豕、马等，用以表示该所示动物的属性为雌性。后来用作表示一切生物的雌性属性。到战国文字阶段，"牝"字中的动物就已经只以"牛"为准，"牝"字形体因此固定下来。《说文解字》："牝，畜母也。"词语"牝鸡司晨""牝鸡司旦"的意思是母鸡在清晨打鸣，这是指母鸡取代了公鸡的职责，古籍中常用以比喻妇人干涉国家政权。唐朝武则天以妇人身份执政，后世有称此时期为"牝朝"者，即是此义。

甲骨文　　金文　　简帛　　小篆

"牡"的本义是指雄性动物。它的甲骨文形体与"牝"相同，只是动物字旁所附加的是表示雄性意思的"土(士)"(表雄性意思的这个形体有人认为是"土"，有人认为是"士"，一般都认为它所象形的是雄性生殖器），以此来表示这些动物的属性为雄性。"牡"在金文中可见，其形体不光从"牛"，亦有从"马"者，可见其形体在商周时期相对而言都还未稳定，直到战国简帛文字中才基本稳定为"牛"旁的形体。《说文解字》："牡，畜父也。从牛、土声。""牡"在古籍文献中最常见的用法都是其本义，用作"牡丹"一词，则当为借音，与其本义无关。

牟告牧

牛、羊是古代畜牧业中最为常见的动物，由牛、羊二字派生而来的相关的文字还有很多。

"牟"字是一个会意字，其字形作：

甲骨文　　小篆

《说文解字》："牟，牛鸣也。从牛，象其声气从口出。"从许慎的意思来看，"牟"应该是一个指事字或会意字。从"牟"的古文字形体来看，所谓的"从口出"的"声气"是否就是"牛"上的方框或"厶"形也很难判定，毕竟声气并非具象物，很难以实体描摹。不过"牟"在古籍文献中的用法是明确的，多用以表示"牛叫声"。如果许慎对"牟"字的解说无误的话，那"牛叫声"可以认为就是"牟"的本义。文献中用"牟"作本义的例子不多，多用其后来的引申义"牟取"之义，如《汉书·食货志》"富商大贾无所牟大利"等。

"告"字在《说文解字》中的解释为："牛触人，角着横木，所以告人也。从口从牛。"许慎的解释难以追溯其源头，但对于"告"的本义探索而言，此说应该是有误的。"告"的古文字形体作：

甲骨文　　金文　　简帛　　小篆

其字形从“口”旁是无疑的，但是否从“牛”旁则还很难断定。许慎所谓的“牛触人”“以告人”在逻辑上很难讲得通，毕竟在现实生活中这样的情况并不常见，古籍中也未见此习俗。因此也有学者认为，“告”上所从并非“牛”形，而是“中”（或“之”）形。不论其形体解释为何，“告”的本义应当就是“上告”“告诉”。在甲骨文卜辞中常见以“告”来表示“请示”“告诉”等义，也可认为这种“请示”或“告诉”是一种祭祀仪程，因为凡有所“告”者，其对象都是祭祀中的先祖。也就是在祭祀过程中，子孙对先祖上告诸事，它与后世所谓“告诉”之义是有细微区别的。也因此，在后世文献中，“告”这件事往往都是以下告上的行为，如《尚书·金滕》“乃告太王王季文王”，《诗经·南山》“必告父母”，《吕氏春秋》“敢以告于先君”等。此后则词义扩展为表示一切告诉之义，如《左传》：“公语之故，且告之悔。”再引申为“告慰”之义，如《出师表》：“不效则治臣之罪，以告先帝之灵。”后又引申为“控告”“讼告”之义就与后世诉讼之义无别了，如《红楼梦》：“小人告了一年的状，竟无人作主。”

牛羊作为畜牧业中的主要牲畜，则畜牧之事以“牛”“羊”二字造字就显得理所当然了。《说文解字》：“牧，养牛人也。从攴，从牛。《诗经》曰：牧人乃梦。”“牧”字的古文字形体写作：

甲骨文　　金文　　简帛　　小篆

它是一个会意字。甲骨文“牧”字从“牛”从“攴”会意，“牛”

也是它的声符，字形或追加“彳、止、辵”等表示行动意义的意符，是提示放牧一事是一种动作行为。而“攴”形是一手持棍棒表扑打之义。以手持棍驱赶牛羊，所表达的正是放牧的场景，因此“牧”的本义就是“放牧”。甲骨文卜辞里的“牧”常用来表示职官名，或许就是指负责放牧事务的一种职官的称谓，也可能与后世“放牧人”有所对应。放牧是一种对牲畜的养殖和管理的事务，由此引申出对百姓的治理和管理之义，如《荀子》：“请牧基，贤者思。”这里的“牧”就是“治理”的意思。由“治理”之义，后又引申为治理者。《礼记·曲礼》：“九州之长入天子之国，曰牧。”古代管理地方的职官便称为“牧”，如“州牧”。

犬臭突狼莽

“豕突狼奔”的意思是像野猪、狼等动物那样东窜西冲式地奔跑，形容成群的坏人横冲乱撞之势，是一个贬义词。这个词里有两种动物，分别对应两个动词，我们不妨就此略作讨论。

“突”的字形结构可分析为上“穴”下“犬”，可见所谓“突”这个行为的主体，原本不是“豕（野猪）”，而应该是“犬”才对。“犬”是个象形字，它的古文字形体如下：

甲骨文　金文　简帛　小篆

甲骨文和金文中的“犬”可以很明显看出它的象形正是常见的土狗的样子，其卷尾是其典型特征。因此“犬”字的本义就是狗。“犬”在文献中的用法也多用于其本义，甲骨文卜辞中最早见到的“犬”多用于祭祀中，可见在当时“犬”也是一种常用的祭牲。

除此之外，“犬”还是最早见于帮助狩猎的动物，甲骨文中表“狩猎”之义的“兽”（繁体作“獸”）字就是从“犬”旁的，其字形所表达的意思就是持猎具携猎犬进行狩猎，古文字形体如下：

甲骨文　　金文　　简帛　　小篆

字形左边的“單”也作“干”，是一种狩猎工具，右侧形体就是“犬”，这个字所呈现的就是狩猎行为。古人携猎犬帮助狩猎是常见现象，“兔死狗烹”一词就是最好的证据。

那么“突”又为什么从“犬”旁呢？《说文解字》：“突，犬从穴中暂出也。从犬在穴中。一曰滑也。”意思是说，犬从穴中快速而出的行为就是所谓的“突”，这就是“突”的本义。“突然”一词，表示短时、顺时之状。后世有“突击”一词，也是由此义而来。因此我们说，所谓“豖突狼奔”之“突”原指“犬”之“突”。

接下来再看“奔”字。“奔”字的古文字形体写作：

金文　　简帛　　小篆

古文字中的“奔”字从结构上可分析为从“夭”从三“止”。金文中的还有追加意符“彳”的形体，“彳”表行动义，在此只是提示该字与行动有关。金文中的“止”形看似与“屮（草）”近似，一个“屮”是草，两个“屮”是艸（草），三个“屮”就是“卉”。正因为古文字形中“奔”字下的“止”形似“屮”，因此其形体演变过程中才会将三“止”讹变作三“屮”，最终有了从“卉”的“奔”字。从战国简帛文字形体可以看出，“奔”下所从确为三“止”无疑。“止”就是脚趾之“趾”的初形，以三个脚趾的形状来表达快步奔走时脚部的重影现象，实在可谓惟妙惟肖。《说文解字》解释：“走也。从夭，贲省声。与走同意，俱从夭。”“走”字的本义就是跑，所以这也就是“奔”的本义：快步奔走。《尔雅》区分“奔”和“走”的意思为:“中庭谓之走,大路谓之奔。”可见在古时二者还是有细微区分的。从“奔”的快走之义,联系到逃跑时皆作奔跑状,故“奔”又引申为逃跑、逃亡,如《左传》:“大奔曰败。”

“奔”上所从“夭”字是一个奔跑中前后甩动手臂的人形,因此“奔”字最初的行为主体其实是人。只是因其“快跑”之义,引申为一切动物的奔跑,因此才有了“豕突狼奔”之“奔”。

豕豭家

甲骨文　　金文　　简帛　　小篆

上列字形为古文字“豕”字。“豕”与我们通常所说的家畜猪不一样，它是一种野猪。金文中的第一个形体就是最为象形的“豕”字，从其背部鬃毛来看，实与野猪无异。在上古时期，当猪还没有成为圈养的家畜时，都是野生的野猪，是由于人类的驯化和圈养，才使其进化为现在的家猪的。因此，在上古时期只见“豕”字而不见“猪”字。“豕”最开始作为文字，是采用了最为直接的象形造字法，但完整绘画显然不利于书写的便利，尤其对于刻写在坚硬龟甲和兽骨上的甲骨文而言更是如此，因此它的形体越来越趋于简洁的线条化。而古文字中用动物形体象形造字的情况太多，为了不至于混淆，只能在字形上采用其所象动物的典型特征来进行区别。在古文字形体中，“豕”与“犬”两个形体是最为相似的，二者往往容易混淆，过去常认为“豕”是大腹便便的，所以有圆腹的就是“豕”，相反则是“犬”，但其实在真正书写过程中，为求便利，“豕”字也经常省略圆腹状。因此，真正区别二者的最大特征其实不是腹部，而是尾部。从动物形态上来看，猪的尾巴都是短小而下垂的，而狗的尾巴则是较长且时常作向上翘起的状态。因此，区分“豕”和“犬”只需要看其尾部，短而垂尾者为“豕”，长而向外卷尾者为“犬”。

野猪在殷商时期是最为常见的狩猎对象之一，人们不仅将它当成食物，还常常将它用作祭祀的祭品。在用作祭品时，人们还根据“豕”用作祭品的特征，对它进行了进一步的细分。如分为公猪、母猪等。这里需要提出来说一说的就是公猪。在用作祭品的野猪中，有一个品种较为特殊，其字形写作：

甲骨文　　小篆

甲骨文中的这个字形仍旧是一只野猪的象形，但它和一般的“豕”有一点细微的差异，在猪肚子下方与后腿交接处，有一道多出来的斜笔。这不是无意为之的笔画，而是刻意为之用以标示其字形特征的。一般认为该斜笔象雄性生殖器，以此来标示此为雄性野猪。《说文解字》：“豭，牡豕也。从豕、叚声。”结合小篆中“豭”字的解释，我们才得以确定甲骨文中的这个象公猪的形体应该就是“豭”字。

“豭”字是一个形声字，它的义符是“豕”，提示这个字的意思范畴是与“豕”有关的，而声符是“叚”，提示它的读音与“叚”相同或相近。“叚”读为 jiǎ，它其实就是“假借”之“假”。“豭”从其声，读为 jiā。“豭”字很少单独出现，但是有一个我们很熟悉的字，是以它作为偏旁的。

甲骨文　　金文　　简帛　　小篆

上列古文字是“家”，“家”的现代简体字偏旁从“宀”、从“豕”，过去曾有不少汉字启蒙教材认为“屋里有猪就是家”，这很显然只是一种望文生义的解释。《说文解字》：“家，居也。从宀，豭省声。”意思就是说，“家”字本是从偏旁“宀”（指房屋）取意，同时以“豭”字作为声符而取声，只是为便于书写而将“豭”这个声符省略了部分结构而已。因此，“家”字下的“豕”其实并不是我们通常所说的野猪，而是雄性野猪“豭”的省写形式。由此看来，我们就可以很容易推翻所谓“屋里有猪就是家”的解释，因为“家”字根本就不是一个会意字，它的本义也与猪没有太大关系。

追逐

在现代汉语中，“追”和“逐”在词义上呈现出一种对立的关系。一般认为，“追”是一种包纳性行为，即所“追”之物是主体渴求接近的东西，如“追求”“追加”等；而相对的，“逐”却是一种排他性行为，即所“逐”之物是主体期望远离的东西，如“驱逐”“放逐”等。当然，从二者所举例子来看，似乎这么理解并没有错，但事实上，在更多的情况下，“追”“逐”二字所表达的含义是相近的，如“追梦”等于“逐梦”，“追爱”等于“逐爱”，甚至还有合成二字的“追逐”一词。所以在现代汉语中，“追”“逐”二字其实还是互为近义词的，它们同样都表示“追赶、驱赶”之义。

那么，在古文字中，“追”与“逐”又有着何种区分呢？《说文解字》对此二字的解释分别为：“追，逐也”；“逐，追也”。可见二者在一定程度上是可以互训的。但二者又确实分别以两个形体来表示，那么它们又一定在某些地方真的存在差异，不然就不符合造字之初的经济性原则，古人没必要造两个不一样的字形来表示完全相同的一个意思。因此，要具体区分这两个字，可以从二者最早的古文字形体来展开分析。

甲骨文　金文　简帛　小篆

甲骨文中，“追”的字形是从“𠂤”、从“止”的，它是一个会意字。“𠂤”其实就是“师(師)”的本字，所表示的是军队的意思；而“止”是“脚趾”之“趾”的本字，所表示的是追赶之义。二者会意，因此“追”字所表达的就是追逐军队，它所追赶的对象是人。金文中的“追”字多出一个“彳”旁，“彳”与“止”组合起来就成了偏旁“辵”。“辵”其实就是现代汉字中的偏旁“辶”，它所表示的是行为、行动之义，且此行动多数都与脚有关。古代汉语中解释文字本义时，一般仅将它注解为“追赶”。这是在没有对比的一般情况下的注释，而一旦有所对比时，则通常会注明所追对象为人。文献中用“追”本义的情况有很多，如《左传·庄公十八年》“公追戎于济西”，《左传·僖公三十三年》“公使阳处父追之”等。从其本义后又引申为“赶得上、比得上”之义，如《旧唐书·食货志上》“不许差役追扰”。后又引申为“追溯、追念”之义，如《出师表》“盖追先帝之殊遇”等。

而“逐”字，它和“追”最大的区别就在于所追赶的对象不同。

甲骨文　　金文　　简帛　　小篆

甲骨文中的“逐”字非常精彩，它所从的“止”旁与“追”一样，只是它所追的对象却是五花八门的，第一形为“豕”，第二形为“兔”，第三形为“鹿”，第四形为“鸵”，由此可见，在甲骨文中的“逐”字，它所追赶的均为动物。这是“逐”字与“追”最大的区别所在。因此我们可以认为，“逐”字的本义其实是追兽。我们同样可在古籍文献中发现它大多用作本义的例子，如《周易》有“丧马勿逐”，《楚辞》有“乘白龟兮逐文鱼”，还有最常见的“逐鹿中原”一词等。追兽其实是一种驱赶的行为，由此“逐”字引申为

“驱逐”之义，如《公羊传》“文公逐卫侯而立叔武”，《谏逐客书》“非秦者去，为客者逐”等。又由“驱逐”之义引申为“放逐”，如《吊屈原赋》有“后先生盖千祀兮，余逐而浮湘”。

当“追”字由“追赶军队”之义扩大词义为一般追逐义后，而“逐”也由追兽之义扩大词义为一切追逐之义后，此二者就开始互为近义词了。当然，由于受到古汉语词汇的影响，在一定范围内，二者必然就会存在上述现代汉语中词义对立的情况。

陆

青青河畔——汉字里的植物

屮 艸 卉 茻 屯

“离离原上草，一岁一枯荣。野火烧不尽，春风吹又生。”白居易的千古绝唱可以说是将“草”这种看似渺小实则充满无限生力的植物描绘得淋漓尽致。“草”是植物中最常见且最渺小的存在，它的微不足道总让人难免忽视了它本身所蕴含的力量，这种力量不仅体现在它于大自然中的分量，同时也体现在它于汉字造字领域里的分量。随手翻阅任何字词典，查阅以“草字头”为部首或偏旁的字，总能发现它的分量是远远大于其他部首或偏旁的，可见“草”在汉语文字中是举足轻重的。

“草字头”作为偏旁，写作“艹”，它所表达的含义包含一切植物，但其实在最初，它就真的只是“草”而已。

甲骨文　　金文　　简帛　　小篆

上列为古文字“屮”字的写法，它是一个典型的象形字，所象的正是一株小草的样子，它就是“草”字的初文，也就是它的原始字形。《说文解字》：“屮，艸（草）木初生也。象丨出形，有枝茎也。古文或以为艸字。”草是一种丛生植物，它的生长往往不止一株两株，因此以“屮”为象形来造字的时候，常常也根据草的习性而以多数量的方式出现。而为了书写上的经济便利，两株就是最常见的形态，这就是“艸”。

甲骨文　　金文　　简帛　　小篆

“艸”就是两株草的象形，它所表示的当然不是真的只有两株草，而是指多株草或一片草地。“艸”在甲骨文、金文和战国简帛文字中都没有单独作为文字，而是只在其他字中用作偏旁。东汉小篆有其独立的形体，《说文解字》云：“艸，百芔也。从二屮。”说的就是“艸”为百草之义。“艸”的形体经过历史演变，就变成了后世所谓的“草字头”，也就是“艹”。现在仍可常见到将“艹”分写为两个“十”字的写法，如刻印本的古籍文献中、书法字体中等，其实都是最初两株草的写法遗存。当然，相对于现在的规范字形来说，这些原始的写法反而成了异体。

现代汉字中“草”其实是一个后起字。《说文解字》云：“草，草斗，栎实也。”栎实就是栎树的果实，也就是我们常见的皂角。按照许慎的解释，则“草”字的本义应该是皂角。那后世以“草”字来表示草这种植物，反而只是一种字形的借用而已，与其本义无关。

古人以两株草的形式来表示丛生的野草之义，而当要泛指一切花草类植物的时候，则就要以更繁复的方式来表示，于是就有了“卉”字。

简帛　　小篆

“卉”字未见到以单字的形式出现在甲骨文和金文中，最早只在战国简帛文中可见。它所象的就是三株草的样子，以此泛指一切花草类植物。《说文解字》："卉，艸之总名也。从艸、屮。"也就是当提及花草总称时，才使用"卉"这个字，如《文选》："桑末寄失根生兮，卉既凋而已育。"

文字以象形表意时，大多数时候都以单数形式呈现，两株草只是根据草的丛生性质而对其形体稍有叠加，也是出于以形达意的目的。而三株草的形体所要表达的意思是一种事物的总称，它也有其独特的含义存在。这也就是说，在文字结构中，但凡有某一字符以叠加的形式出现，它往往都是附加了另一层含义存在的。而针对草这种植物，当人们想要表达"草很多""草茂盛"等意思时，就不能再单独以"屮"或"艸"来表示，而需要附加一层"多"的含义，于是就有了叠加更多的"屮"形来完成表意的目的。这就是"茻"的由来。

小篆

"茻"字在古文字中也不见以单字的形式出现，它往往出现在其他字中用作偏旁或构件，直至东汉小篆时期才出现其单字形体。"茻"字读为 mǎng，它是以四株草的形态表达草很多、很茂盛之义。《说文解字》："茻，众艸也。从四屮。""茻"字不常见，但它其实与"莽"互通。"莽"字上部为"艹"，是两株草，下部的"廾"形亦是两株草，它比"茻"字只多了中间的一个"犬"形。"莽"的古文字形体写作：

甲骨文

小篆

甲骨文中的“莽”字是一个会意字，其字形结构所表示的显而易见就是一只狗在草丛中之状，该形体与小篆的写法是一一对应的。《说文解字》：“莽，南昌谓犬善逐兔草中为莽。从犬从茻，茻亦声。”按照许慎的观点，“莽”字的本义就是指犬逐兔于草丛中。后来这个形体被假借来表示“茻”，因此就有了“草丛”之义。《汉语大字典》中“莽”字的第一个义项就是“丛生的草”。典籍中用“莽”表示此义的例子有李白的《古风五十九首》之十四“白骨横千霜，嵯峨蔽榛莽”等。

除了上述各种“草”外，还有一个与草密切相关的字形不得不提一下。

甲骨文　金文　简帛　小篆

上列字形为古文字“屯”。“屯”是个象形字，一般认为它所象的就是草木从地面萌生而出的样子。《说文解字》：“屯，难也。象草木之初生，屯然而难。”许慎对“屯”的形体解释有一定道理，学界有较多认同此意见者，但他对“屯”的意思的理解则略有屈折附会之嫌。另外还有一种观点认为，“屯”字本象古代纺织中缠线的工具，因此认为“屯”其实是“纯”字的初文。持此观点者根据“屯”之本义为缠线的工具，认为缠线就是把丝线积累在一处，因此推定“屯”字后世又引申为“积聚”之义，如《史记·吴王濞列传》“兵屯聚而西”。或可备一说。古籍文献中的“屯”，其实更多还用于表示军事驻防，如《旧唐书·郭子仪传》“自河中移屯泾阳”等。

禾黍来麦香

人食五谷杂粮以为生，很多人却不一定知道所谓“五谷”究竟是哪五谷。有关“五谷”的说法，最早见于《周礼·天官》记载：“以五味、五谷、五药养其病。”郑玄对此的注解是：“五谷，麻、黍、稷、麦、豆也。”其他还有很多种不同的看法，不过影响较大的观点主要有两种：一说是“黍、稷、麦、菽、稻”，一说是“黍、稷、麦、菽、麻”。二者差异在于第五种谷究竟是“稻”还是“麻”。据农业考古可知，中国古代文明起源于中原黄河流域，而最早的“稻”的产地并不在此，由此可以推测，最早的“五谷”中可能并不包含“稻”。这就是说，“五谷”很可能最早是指第二种看法，也即“黍、稷、麦、菽、麻”，这与郑玄的注解是一致的（郑玄所说的“豆”就是“菽”）。不过在现代汉语中，一般所谓“五谷”并非真的就是指上述五种谷类，而是泛指一切谷类。

“黍”就是我们通常所说的黄米。“黍”字的古文字形体写作：

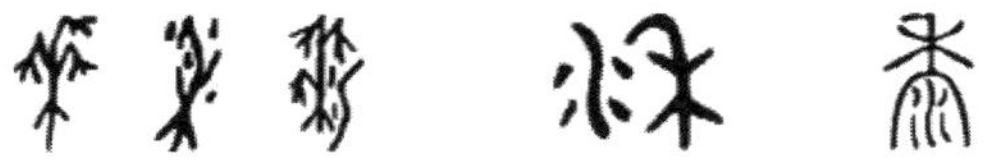

甲骨文　　金文　　小篆

甲骨文中第一个形体就是最初的“黍”的象形，它象一株谷穗稠密的禾苗状，就是黍米。甲骨文第二形中的“黍”字多了几个点状物，一般认为这些小点是用来表示黍米散穗的特点。这些表示散穗状的小点与古文字中表示“水”的方式很像，于是又有了甲骨文中第三形从“水”旁的“黍”字。金文中的“黍”字将“水”旁移到了字形左侧，且黍米的象形结构也由“禾”来代替了，小篆和后世字形也都变成了从“禾”从“水”的字形。这里提到“禾”，就有必要先分析一下“禾”字的情况，它的古文字形体写作：

甲骨文　金文　简帛　小篆

“禾”也是一种农作物的象形，它与“黍”的区别在于谷穗上，“禾”字形体突出其谷穗下垂，但其谷穗不如“黍”稠密。《说文解字》：“禾，嘉谷也，二月始生，八月而孰，得时之中，故谓之禾。”其实许慎所说的“禾”是指粟米，也就是现在所说的小米。但一般都认为“禾”的本义是泛指一切谷类作物而言的，是一种总称。既然“禾”是谷物总称，那么金文中的“黍”字会改偏旁作“禾”就很能理解了。

《春秋传》云：“黍稷馨香。”“香”字正是由“黍”而来的。“香”的古文字写作：

甲骨文　金文　小篆

“香”字在《说文解字》中的解释为：“芳也。从黍从甘。”“甘”为甘美之义，因此从“香”的字形可以看出，“香”的本义应该是指谷物的馨香。《诗经·大雅》：“卬盛于豆，于豆于盛，其香始升。”就是用其本义。后来由“谷物之香”泛指一切香味或好闻的气味，如《爱莲说》有“香远益清”。“香”字后世字形讹变作从“禾”从“日”，已经失却了其最初的象形会意作用。

从“禾”的谷物还有一个“稷”，它的古文字写作：

简帛　小篆

“稷”不见于商周古文字中，但从其字形结构来看，可知它是一个形声字，从“禾”“畟”声。《说文解字》：“稷，齋也。五谷之长。”正如许慎所言，古代以“稷”为百谷之长，因此“稷”也被称为谷神，它与被称为土地神的“社”一起合称为“社稷”。“社稷”是古代君王所祭祀的对象，因此以“社稷”二字来代指国家。

甲骨文　金文　简帛　小篆

上列字形为“来去”之“来”的古文字形体。“来”其实是一个象形字，它所象的也是一种谷物，就是麦子，专指小麦。大麦则用“麰”字来表示，也写作“牟”。过去以“来牟”二字统称所有麦子，即包含小麦和大麦。如《诗经・周颂》有“贻我来牟”“于皇来牟”等，其中“来牟”就是麦子。后世以“来”表“往来”之义其实是假借用法，“来”之本义与“往来”义无关。

既然麦子是“来”，那么现代汉字中的“麦”又作何解呢？《说文解字》：“麦，芒谷，秋穜厚薶，故谓之麦。”“麦”（繁体为“麥”）字的古文字形体写作：

甲骨文　金文　小篆

从“麦”字的古文字形看来，它与“来”字的差别在于其“麦”形的根部似有一个类似“夂”（颠倒的“止”字）的形体。古文字学家王襄认为“来”“麦”二字实际本就是一个字，“麦”字从“来”，其中的“夂”形象麦子的根部，与人有足部属于同一种情况。因此“麦”就是“来”字的另一种较为繁复的写法而已。

年秉兼季

“稻花香里说丰年”，丰年就是丰收之年，而说到丰收与“年”之间密不可分的关系，还需要从“年”这个字的由来说起。“年”字过去异体写作“秊”，字形结构是上“禾”下“千”，它的古文字形体写作：

甲骨文　金文　简帛　小篆

从“年”字的甲骨文和金文写法可以看出，“年”字最早是个会意字，它的上部是一个“禾”，下部是一个侧立人形，整体结构所会意的是一个人背负着禾，这是在稻禾成熟之际人们收成的景象。《说文解字》：“年，谷熟也。从禾、千声。《春秋传》曰：‘大有年。’”因此“年”的本义就是谷熟。《尚书·多士》：“尔厥有干，有年于茲洛。”《谷梁传·桓公三年》曰：“五谷皆熟为有年也。”都是用了“年”的本义。“有年”的意思就是说有收成，这个词最早见于殷商甲骨文卜辞中，当时的商王经常为一年的收成状况进行占卜，卜辞常见“受年”“受有年”就是此义。金文中的“年”字，有些习惯在下部的人形上附加一个圆形的点状，慢慢这个点状就演变成一个短横，此人形就成了古文字中的“千”，这就是战国文字、小篆和后来文字中“年”字从“千”旁的缘故。

负禾是“年”，手持禾就是“秉”。“秉持”的“秉”字在现代从结构来看，有些类似独体字，但它其实也是从“禾”旁的字。“秉”字古文字形如下：

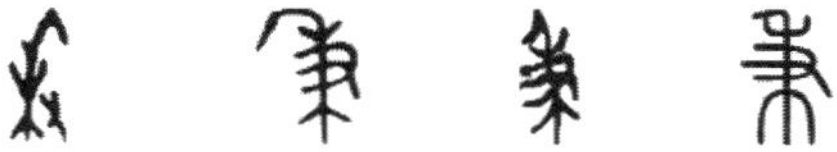

甲骨文　金文　简帛　小篆

甲骨文“秉”字是一个会意字，它的结构中包含两个形体，一是“禾”形，一是“手”形，会意的正是一手持禾的样子。金文中的“手”形与“禾”交错，秉持之义更为明显。因此“秉”字的本义就是手持禾把。《说文解字》：“秉，禾束也。”后由“禾把、禾束”引申为表示一切束状的量词。禾把、禾束在握持时通常都是经由握持其茎秆处，类似于手柄，因此“秉”又可通“柄”，表权柄之义。如《左传・哀公十七年》：“国子实执齐秉。”再引申为“秉持、掌握”。如《三国志》：“共秉朝政。”

手持一株“禾”为秉，手持两禾则为“兼”。“兼”字古文字写作：

金文　简帛　小篆

“兼”字不见于甲骨文，但从其他古文字可明显看出，此字与“秉”的差异仅在于禾苗的数量为复数。《说文解字》：“并也。从又持秝。兼持二禾，秉持一禾。”可见“兼”字正是通过一手兼持两禾来表示“同时持有”之义。《孟子・告子上》：“鱼，我所欲也，熊掌亦我所欲也；二者不可得兼。”后又引申来表示一切“合并、兼并”，如《韩非子》：“其兼天下不难矣。”

“季”字从字形上看来，与“年”字的异体写法“秊”极为相似，它的古文字写法为：

甲骨文　　金文　　简帛　　小篆

古文字“季”与现代汉字没有二致，均是由“禾”“子”二旁组成。《说文解字》：“少称也。从子，从稚省，稚亦声。”许慎对“季”的解释很难确认其是否为本义，从古文字形来看，也无法确定其偏旁“子”是“稚”的省形（古文字中未见“稚”字）。甲骨文中的“季”字是用来表示商代先公人名的，无从推断其来源。不过“季”在古籍文献中最早的用法确实是用作“少称”的，就是对家中成员排行年少者的一种称谓。《仪礼》有“曰伯某甫仲叔季，唯其所当”。注解曰：“伯、仲、叔、季，长幼之称。”这也就是我们常见称谓中的“孟仲叔季”，如兄弟中最小的称为“季弟”。后由“少称”之义，引申为表示一个季节中最后的一个月，如《礼记·月令》有“季春之月”，指的就是春季的最后一个月。直至后来用以表示四季之“季”。

木 林 森 树

甲骨文　　金文　　简帛　　小篆

“木”字是个象形字，其字形象一棵树木之形，竖立的树干，上面的分叉为枝杈，下面的分叉为树根。“木”的字形从古至今没有太大变化，字义也始终如其本义：树木。不过在目前出土的商周古文献中，“木”字单独出现用作本义的情况其实不多，这就容易使人产生一种猜想：或许“木”在商周时期已经不常使用本义了。然而事实可能与猜想正相反，商周出土文献中少见“木”作本义的情况，主要是受出土文献材料的性质所限，甲骨文是占卜文书，金文多为颂扬祖先及王侯功绩的铭文，二者的文字内容不容易出现“树木”之类的日常用字是很好理解的。从商周文字中大多以“木”为义符的字所表示的含义来看，“木”用为本义的情况很显然已经渗透到了当时语言文字的方方面面，足见其普适性。“木”由“树木”之义引申为表示“木材”之义，如《论语》云“朽木不可雕也”；又由“木材”之义引申为“棺木”，如词语“行将就木”。用来表示“木讷”之义是很晚以后的事，这是通过比喻的方式将“木讷”的性质与“木材”的性质进行对比而来。

“独木不成林”,“双木”才可称为“林”。很显然,所谓“双木”也不是真的限定指双数,而是指多数。《说文解字》:“林,平土有丛木曰林。从二木。”所以“林”的本义就是丛生之木。

甲骨文　　金文　　简帛　　小篆

“林”为丛生之木,由“丛生”的意思可以联想为“聚集”,于是“林”又引申为泛指人或事物的聚集,如司马迁《报任安书》有云:“士有此五者,然后可以托于世,而列于君子之林矣。”还产生了诸如“字林”“趣林”“翰林”“碑林”等词。

二木成“林”,三木为“森”,二者并而提出时,会使人认为“森”就是“森林”,但其实不然。《说文解字》:“森,木多貌。”就是说,“森”的本义是指树木很多的样子。左思《蜀都赋》云:“弹言鸟于森木。”这里的“森木”不是森林之木,而是指繁茂的树木。“森”又由“树多”之义,引申为一般意义上的茂密、密集,如词语“森然”“森列”“森罗”等。树木多而密集,会给人一种严密、阴暗的感觉,因此“森”又可表示阴森、森严。

“木”表树木,那现代汉语中的“树”又作何解?

甲骨文　　简帛　　小篆

“树”字繁体写作“樹”,其实它本不是树木之意。甲骨文中它的字形写作一棵树,旁边有一只手(或两只手)的形体,手形的动作正是栽种树木,所以它的本义应该是种植。“樹”是一个形声字,它从“木”旁以提示该字的意义与树木有关,“寸”就是甲骨文中的手形,而中间的“壴”其实只是用来提示它的读音的声符。

《孟子·滕文公下》有“后稷教民稼穑，树艺五谷”。此“树”即用其本义。之后“树”由“种植”之义，引申为凡一切树立、建立、培植之义，如《左传·成公二年》：“树德而济同欲焉。”又如词语“百年树人”。

本末朱采

金文　　简帛　　小篆

上列字形为古文字“本”字。“本”是“六书”中的指事字，就是在象形字“木”的基础上，于“木”形的根部用点状笔画标示树木的根部所在位置，提示“树根”之义。后来该点状笔画慢慢演变为一小横，于是就成了现在的“本”字。《说文解字》：“本，木下曰本。”指的就是它的本义。《国语・晋语》：“伐木不自其本，必复生。”“本”字由其树根之义引申为本源、根源，如《论语》有“君子务本，本立而道生”。

“本”与“末”是相互对立的两个概念。“末”字的古文字形体写作：

金文　　简帛　　小篆

“末”也是个指事字，相对于“本”，它的形体是在象形字“木”的末梢处施加了指事符号，以此标示树木的顶端末梢之处，提示“末梢”之义。《说文解字》：“末，木上曰末。”这就是“末”的本义：

树梢。典籍中用“末”表本义的例子有《孟子》“不揣其本，而齐其末”等。“末”由其“末梢”之义，引申为表示一切末尾、末端。如《孟子·梁惠王上》有“明足以察秋毫之末”，《资治通鉴》有“强弩之末”等。又引申为细微、卑微、不足道等义，如词语“末位”“末流”等。

在“木”上添加符号或构件用以表达其他意思的还有“朱”。

甲骨文　　金文　　简帛　　小篆

“朱”也是一个指事字，它的指事符号是在“木”的中段处所附加的一个小圆点状，该圆点状在金文中演变为一个短横（时而也有写作两个短横的形体，该形体也被战国文字所继承），就慢慢变成了现在所看到的“朱”字。《说文解字》云：“朱，赤心木。松柏属。从木，一在其中。”是说“朱”的本义是表示一种红心的树木。后由此本义引申为专表朱红颜色，如《墨子》“朱衣冠，执朱弓，挟朱矢”。而且凡朱红色的事物都可直接用“朱”来表示，如《穆天子传》有“朱四百裹”，指的就是朱红色的布帛之物。

“木”上附加一个“爪”的形状，以手摘取，这就是“采”。

甲骨文　　金文　　简帛　　小篆

“采”的甲骨文字形非常形象，就是树上有果，以手采摘的样子。它是一个会意字。《说文解字》：“采，捋取也。从木、从爪。”《诗经·关雎》：“参差荇菜，左右采之。”经由“采摘”之义，“采”又引申为采集、搜集等义，如《汉书·艺文志》“古有采诗之官”。后又引申为彩色之义，如《孟子·梁惠王上》：“抑为采色不足视于目与?”再经“彩色”的意思引申为文章的修辞,如《文心雕龙》:“繁采寡情,味之必厌。”随着“采”字用义的扩大,为了避免混淆,于是就为“采摘”之“采”附加了一个提手旁“扌”,以提示以手采摘之义,这就有了繁体字“採”(“採”后来又简化为“采”,可谓返璞归真),同时也为表示彩色之义的“采”增加了义符“彡”,这就有了“彩”。

叶 果 朿 棘 枣

树木不仅有根，有末梢，还有末梢的绿叶。现代汉语中的“叶”字已经看不出它与树木的关系，可由它的繁体字形“葉”来展开讨论。“葉”字从“艹”，也就是提示它的意思与“草木”有关，其实它最初不从“艹”，就是“枼”。

甲骨文　　金文　　简帛　　小篆

“枼”字是个象形字，如其甲骨文字形所示，正像树木上有枝叶之状。《说文解字》：“枼，楄也。枼，薄也。从木、世声。”许慎认为“枼”指薄木片，这与字形本身是不符合的。金文中的“枼”字一般认为是“世”字的繁体，如铜器铭文中常见有“万枼无疆”“永枼毋忘”等词。可见“枼”字与“世”也存在同源关系。为明确字义，故在表树叶之义时，在“枼”上附加了“艹”旁，这就是“树葉”之“葉”。《说文解字》：“草木之叶也。从艸、枼声。”这才是“葉”的本义。后由树叶的扁平之状，引申为表示一般扁平状的物体或用作表示扁平状物体的数量，如“一叶扁舟”“肺叶”等。文献中“葉”字还可以与“页”通。

“枼”和“果”由于其古文字形体的差异，很容易被混淆。

“果”的古文字形体写作：

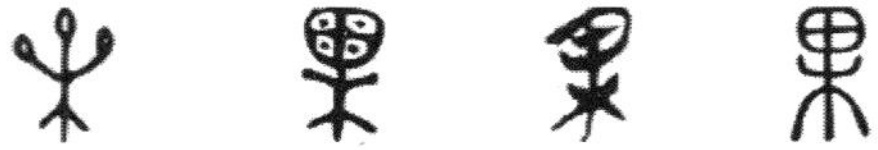

甲骨文　金文　简帛　小篆

甲骨文中的“果”与“枼”在很多学者看来是同为一字的，二者的甲骨文形体差异较小，均为树木上有球状物体。但这个物体究竟是所谓树叶还是所谓果实，至今仍没有十足的证据。金文中的“果”字与之差异较大，有人认为其上部是一个果实的放大描写，其中的点状是果实的内部纹理，其形体本身已呈现现代汉字“果”的特点。《说文解字》：“果，木实也。从木，象果形在木之上。”这就是“果”的本义：果实。后由“果实”之义，引申为一切结果之义。

树木上除了有树叶有果实以外，有些树还是有刺的，比如枣树。“刺”字原本不从“刂”，它最初的形体是“朿”，古文字写作：

甲骨文　金文　简帛　小篆

《说文解字》：“木芒也。象形。凡朿之属皆从朿。读若刺。”许慎认为“朿”是指木之芒刺，但根据“朿”的古文字形体来看，与其说它本象木之芒刺，倒不如说象箭矢之芒刺更符合文字实际。不过不论到底象什么，“朿”的本义就是芒刺，表示锋利尖锐之刺。后来为了增加其芒刺之义，在其形体上增加了表示锋利之义的“刂”旁，这就有了现在的“刺”。

枣树有刺，因此“枣”字的写法与“朿”就脱不开关系了。

甲骨文　　金文　　小篆

上列为古文字“枣”，其甲骨文形体其实就是枣树的象形，字形不仅描绘了枣树的样子，还突出了其中的“朿”形。“枣”的繁体字为“棗”，是由上下两个“朿”组成，这就是枣树的特征：多朿（刺）。“棗”字从二“朿”，二“朿”由上下结构变为左右结构就是“荆棘”之“棘”，荆棘也是多刺的，二者是同源关系。

若叒桑

“桑”是原产自我国的一种最为古老的树木之一。最早可见的“桑”字来自殷商甲骨文中，它的形体就是一株桑树的象形。

甲骨文　简帛　小篆

我们都知道，桑树最大的价值在于它的叶子繁茂，可用于养蚕取丝，甲骨文“桑”字就形象地刻画出了桑树枝繁叶茂的特征，它所描绘的就是“桑”字的本义：桑树。《说文解字》：“桑，蚕所食叶木。”由“桑”字的形体，又演化出“丧”字。“丧”字繁体作“喪”，其古文字形如下：

甲骨文　金文　简帛　小篆

甲骨文“丧”字其实是个形声字。“丧”在甲骨文中的意思就是丧失，由于该意义较为抽象，难以用象形的方式来造字，于是就采用了“桑”字作为声符，以表示“丧”的读音与“桑”相同或相近，这是借音造字。“丧”中的“口”或许只是一种区别性符号。

桑树除了以桑叶供养蚕之外，它还是古代传说中的神木。《山海经·海外东经》："汤谷上有扶桑，十日所浴"，意思是说，桑木是太阳的栖息之所。《说文解字》中有一个"叒"字，解释为"日出东方汤谷，所登榑桑，叒，木也。象形"。"叒"字由三个"又"组成，"又"在古文字中就是手形，这又让人想到另一个字："若"。

甲骨文　金文　简帛　小篆

"若"字在甲骨文中是一个会意字，它的形体是一个跽坐的人形，人形突出其头部毛发飘逸之状，同时人形高举两臂且突出其两手的手爪之状。它所表示的是一人高举两手，以手理顺头发。《尔雅·释名》："若，顺也。"说的就是"若"的本义：顺。甲骨文卜辞中常见有"若""不若"，就是商王在占卜中询问事物是否顺利的用词。有人认为"若"其实是"诺"的初形，"诺"表顺从之义，与"若"的本义相符，或可备一说。"若"由其"顺从"之义，又引申为像、如同之义，如王勃的诗句"天涯若比邻"。又从"像、如同"之义，引申为"比及"，如《礼记》有"当养者孰若妻与宰？"。

古籍中常见有"若木"一词，传说中"若木"是上古时代的一种神木。《楚辞·天问》有"羲和之未扬，若华（花）何光"，"若华（花）"即若木之花。据考证，"若木"就是"榑桑"，也就是上文提到的《山海经》中所说的"扶桑"。"榑"在《说文解字》里的解释是"榑桑，神木，日所处也"，这个解释与《山海经》所说的"扶桑"为"十日所浴"的观点一致，是为其证。扶桑是传说中太阳用以栖息之地，它在神话故事中自然就有其举足轻重的地位。在后世的文献中常以“扶桑”来表示东方日出的遥远神秘之所，如左思的《吴都赋》有云：“行乎东极之外，经扶桑之中林。”扶桑作为太阳栖息之地，太阳由东方升起，因此在古代东方有传说以“扶桑”为名的古国，《南齐书》载有“东夷海外，碣石、扶桑。”后来，位居我国东面的日本也曾以“扶桑”为名。

柒

烟雨楼台——汉字里的宫室建筑

邑或国

《孟子·公孙丑下》有云:“域民不以封疆之界,固国不以山溪之险,威天下不以兵革之利。”意思是说:要使百姓安居乐业不能只靠疆域的界限;巩固国家安危不能单凭山河的险要;震慑天下四方不能凭借兵器的锐利。这是孟子的仁政思想,也是古代社会中对于国之为国的一种理想。然而现实却并不像孟子所理想的那样,历史中的古代国家往往都是依凭武力震慑四方的,甚至于“国”之为“国”,其本身就脱不开武器。

“国”字被用来表示国家的概念,是在较晚时期才形成的。《广雅》:“国,村也。”可知在早期,“国”还不是指国家,而是指人们聚居的村落,这种村落也被称为“邑”。“邑”字古文字写作:

甲骨文　　　　金文　　　　简帛　　小篆

甲骨文和金文中的“邑”,上部不是“口”,而是“囗”(读 wéi,“围”的本字)。“囗”作方框或圆形,它所表示的是一个四面有城墙围起来的城郭(或指疆域的轮廓)。甲骨文第二个字形中的“城郭”边有三个短笔画,应当就是城郭防御的指示符号。在“城郭”之下,有一个跽坐的人形,表示这是有民众居住的地方。这就是“邑”的本义：有民众居住的城郭。上古时期尚未有国家成立的时候，人们均以部落或族群而居，这些部落或族群所居之所，就是后来的“邑”。《说文解字》：“邑，国也。”段玉裁对此注解道：“《左传》凡称人曰大国，凡自称曰敝邑。古‘国、邑’通称。”朱骏声也有注解云：“《书》‘西邑夏’‘天邑商’‘大邑周’，皆谓国。”可见古代对“国”和“邑”的理解随时代和地域而略有差异，但它们二者有一个相似之处，那就是都以“囗”作义符，用以表示城郭之义。

表示城郭之形的“囗”一般被认为就是“围”字的本字。《说文解字》：“囗，回也，象回帀之形。”段玉裁注曰：“按‘围绕’‘周围’字当用此。”“囗”的形体就是俯视角度之下一座四周封闭的城墙的样子，古货币文字的“城”字就写作“囗”，可见其本身就是城郭之义。这就可以解释“国”与“邑”为何都从“囗”了。

当国家出现以后，就需要再有一个字来表示它，用于与表示部落、村落的“邑”字进行区别，这就是“国”字。“国”字简体的字形结构已经看不出它的原始意义，繁体的“国”写作“國”，它是从“囗”、从“或”的，但这个形体其实也是后来产生的。最初表示国家这个意思的，其实是“或”，它才是“國”的本字。古文字“或”写作：

甲骨文　　金文　　简帛　　小篆

“或”是个会意字，从甲骨文字形可以看出，它的左侧是一个表示城郭之形的“囗”，右侧是一柄武器“戈”。它所表达的意思就是，以兵戈护卫城池，需要兵戈护卫的城池，自然就是“国”了。《说文解字》：“或，邦也。从囗，从戈，以守一。一，地也。”许慎所谓“一，地也”的解释与古文字形不符，其余解释都是对的。所以“或”的本义就是国家。

后来，“或”字被假借用来作不定代词，表示“有的”“有人”等义，如《论语·为政》：“或谓孔子曰：‘子奚不为政？’”这里的“或”就是“有人、某人”的意思。此义又引申为表疑惑之义，派生出“惑”字。古汉语中“或”与“惑”可通，如《孟子·告子上》：“无或乎王之不智也。”

由于“或”字常被借用于表示其他意思，那为了以示区别，就不得不在表示国家的“或”字上附加了一个表示城郭的“囗”形，用以明确其字义，于是就有了“國”，其古文字形如下：

金文　　简帛　　小篆

甲骨文中不见从“囗”的“国”字，但看金文中“國”的写法，可知它的形体与“或”在很多时候是具有同一性的。《说文解字》：“國，邦也。从囗从或。”它和“或”的解释是完全一样的，可见“或”“國”本为一字。

除了分化出从“囗”的“國”字以外，“或”字还分化出了一个从“土”旁的字。因为国家都是有疆域的，疆域与“土”有关，从“土”而表示疆域之义的就是“域”字。“域”其实就是“或”字的增繁形体，后来从“或”字分化以专门用来表示疆域之义，也就变成了表疆域之义的专字。

综上所述，“或”字其实是“国”“域”二字的初文，“或”“国”“域”三字本就是一字分化而来，它们所表达的都是国家、国域、疆域一类的意思。因此，在偏旁中包含“或”“国”的字也多含有界限、域界等意义。如“緎”字，《广韵》解释为“缝也”。《诗经·

召南》有“素丝五緎”,《毛传》:“緎,缝也。”朱熹《集传》:“緎,裘之缝界也。”缝界与疆界有异曲同工之处。此外还有一个“棝”字,《说文解字》解释为“筐当也”,朱骏声注解说“今苏俗谓物之腔子曰匡当”,腔子就是四周有界限的空腔,与域界之义类似。

“国(國)”字由“或”而来,“或”字以兵戈为义符,可见“国”之为“国”,最初就与兵戈之事密不可分,这与孟子所说的仁政思想是相左的。古代社会尚处于文明较为落后的时期,国家与国家之间发生争战是极为平常的事。《左传·成公十三年》有云“国之大事,在祀与戎”,可见在当时“戎”(即军事)在国家大事中所处的极端地位。孟子所期望的理想境界在当时社会是难以达成的,但也正因为如此,才体现了他的思想境界之高,其仁政思想也得以传承至今。

墉郭亯

“山河千古在，城郭一时非”出自文天祥的《南安军》一诗。“城郭”一词常见于古籍文献当中，用以表示一国城池。“郭”就是城池的外围，《说文解字》：“郭，外城也。”《管子·度地》云：“城外为之郭。”古代城池分为内城和外城，内城称之为“城”，外城则称之为“郭”，所以“郭”指的是外城。

古文字中以“口（围）”形表示城池，因此凡表示与城池相关意思的字，必然都与这个城池的形体密不可分。如表示城墙的“墉”字，它的古文字形体写作：

甲骨文　　金文　　简帛　　小篆

上列古文字是个象形字，它的甲骨文字形中间所象的就是表示城池的“口”，而周围楼阁状的形体就是城池四面城墙上的城楼象形，它所呈现的就是一座完整的拥有城墙城楼的城池之状。甲骨文第二形是省写了两座城楼的样子。金文字形与甲骨文没有太大差距，到战国文字中附加了“土”旁以明确字义（可认为是“墉”字从“土”旁的由来）。小篆的第一个写法是甲骨金文字形的继承，后一个写法则是后起字形。象城池的形体所对应的文字其实就是"𩫖",它是"墉"字的异体,因此上述古文字都是"墉"。也有观点认为这个形体是后世的"郭"字,"郭"字的解释是外城,与"城墙"之义有相通之处,但该字出现得比较晚,应是后起字,或可认为它其实就是"墉"的一个分化字。

《说文解字》:"墉,城垣也。从土庸声。"许慎的解释就是"墉"的本义:城墙。《诗经·大雅》"与尔监冲,以伐崇墉"就是用其本义的例子。后由"城墙"之义引申为所有高墙、墙垣之义,如《诗经·召南》有:"谁谓鼠无牙?何以穿我墉。"就是指一般墙垣。

"墉"字表示城墙之义,对于我们认识另一个字的字义来源很有帮助。

甲骨文　　金文　　简帛　　小篆

上列古文字是"亯",也就是现在的"享祀"之"享"。《说文解字》对"亯"的解释是:"献也。从高省,曰象进熟物形。《孝经》曰:'祭则鬼亯之。'"许慎的解释与"亯"字在古籍文献中常见的用法是一致的,因此很多观点皆认为"亯"的本义就是向鬼神敬献祭品以使其享用。但若将"亯"字的古文字形与上述"墉"字的古文字形体一对比,就能发现二者其实是同出一源的。"亯"的形体其实就是"墉"的一部分,其下方廓形就是城郭象形,其上楼阁状是为城楼形,因此"亯"字最初也是一个象形字,它所象的就是高楼之状,这应该才是它的本义。也有人从"享祀"之义推测"亯"字的形体所象的是祭祀祖先时的宗庙或祭台之形。此观点似有一定道理,但仍旧解释不了"墉"字形体与它的关联,只可备一说。

“亯(享)”在文献中多用于表示享祀之义，这应该只是它的一个引申义，如《考工记》“诸侯以享天子”，《诗经·商颂》“莫敢不来享”，《左传·僖公五年》“如是，则非德，民不和，神不享矣”。后由“鬼神享祀”之义，引申为一般意义上的享受，如《国语·周语》：“大臣享其禄。”“亯(享)”还可以通“飨”，表示以食待客，如词语“飨宴”即“享宴”，《左传·庄公四年》“止而享之”之“享”也是用为“飨”。

京就高

“亯(享)”表高台之义,它以“囗(围,即表城墙)”形作义符,与此相关的字也多与高台之义密切相关,它们多为同源字。

甲骨文　　金文　　简帛　　小篆

上列为“京”字的古文字写法,它也是一个象形字,所象者是一栋高楼之形,其上为斜面屋顶的楼阁状,其下是有柱子支撑的用于居住的空间。一般认为“京”所反映的就是古代人民穴居生活的写实。也有观点认为它是一种高台建筑。但总体来说,从“京”字的形体结构来看,它无疑与表示城楼象形的“亯”和表示城墙的“墉”是同出一源的。《说文解字》:“京,人所为绝京丘也。”许慎认为“京”是人工筑起的高丘或高台。在甲骨卜辞中,“京”字是用来表示地名的,因此也无从考证其最初的字义来源。典籍中用“京”表“高丘”之义的有《吕氏春秋》“为京邱若山陵”,《淮南子》“筑重京”等。因其所表“高台建筑”之义,“京”又引申为京城、京都之义,如《诗经·曹风》有“念彼京师”等。

“京”由“亯”而来,它还可以与“亯”合并组成另一个字。

甲骨文　　金文　　简帛　　小篆

上列古文字形上部是“亯”，下部是“京”，该形体如果再加上一个偏旁“尤”的话，那就成了“就”，也就是我们现在的“就”字(可参考篆体“就”的两种写法，前一种写法为籀文即大篆，后一种为小篆)。《说文解字》：“就，就高也。”据其古文字形体可知，“就”所表示的正是高楼筑造于高台之上，许慎所谓“就高也”的意思是与字形所表达的意思相符的，所以“就”的本义就是趋向高处。后来由其本义引申为表示一般的趋向、趋近之义，《广韵》释“就”为“即也”是其证。又如《礼记·曲礼》：“主人就东阶，客就西阶。”因“趋高”之义，“就”还引申表示担任、就职之义，其所就职务一般都是趋高的职务，如词语“高就”“就任”等。

“亯”“京”“就”同出于“亯”，“亯”表高台之义，因此“高”字亦由此而来。

甲骨文　　金文　　简帛　　小篆

“高”字古文字形其上部就是“亯”和“京”的上半部，只是下部多了一个“口”。《说文解字》认为“亯”字是从“高”省形，但从“高”的古文字形体来看，实际情况应该是“高”从“亯”省形。“高”中的“口”旁或可认为是一种无意义的叠加符号，也可认为它是声符(“口”字与“高”字在古音中有相似互通性)，因此“高”是从“亯”分化而来的一个字，且基于“亯”的高台之义，“高”的本义也与此有关，应该就是表高出地面之义。《说文解字》：“高，崇也，象台观高之形。”《荀子·劝学》：“不登高山，不知天之高也。”是用其本义。甲骨文中的“高”除了用来表示地名专用字外，还用于表示“高祖”之“高”。

宀向室家宗宅乇

古人建造房屋其实融入了很大的智慧。现代的平顶建筑如果没有屋顶排水设施的话，其实是不利于居住的，毕竟平面蓄水储物会增加房屋的承重，崩塌可能只是时间问题。而斜顶的设计就在极大程度上避免了这一隐患。自上古以来，古人就以斜顶建筑作为宫室来居住。古人按照房屋的象形结构，为房屋义造了字，这就是“宀”。

甲骨文　　金文　　小篆

上列这个形体就是古文字中用来表示房屋之形的“宀”字，“宀”读为 mián，它就是我们现在偏旁中常说的“宝盖头”。“宀”字后世不单独成字，在《说文解字》中收入了该单字，解释为：“交覆深屋也。象形。”因此“宀”的本义就是房屋。

《诗经·七月》中有一句：“穹窒熏鼠，塞向墐户。”其中的“向”被解释为窗户。这个解释时常令很多人感到意外，而且一般人也很难想到，其实“窗户”原本就是“向”字的初始本义。要解释这个问题，可从“向”字的古文字形说起：

甲骨文　　金文　　简帛　　小篆

古文字“向”是个象形字，它所象的就是一栋斜顶的房屋之形，房屋中的“口”就是窗户所在。《说文解字》：“向，北出牖也。”古代“户”为门，“牖”为窗，因此“向”的古文字形所表达的意思正如许慎所言就是窗户，且是北向的窗户。《诗经》所说的“塞向墐户”是指寒冬时节将朝北的门户堵塞起来以防止寒风侵入，这与许慎的解释是一致的。后来由“北向之窗”而泛指一切窗子。“向”用来表方向、方位之义，是一种假借用法，或许与“北向之窗”有一定关联。典籍中用此意义的例子有《国语·周语》“明利害之向”等。后来又从“方向、方位”之义引申为表示“朝、向”，也就是现在的介词“向”。

用表示房屋的“宀”为义符的字，除了“向”以外，还有很多，多数都与房屋之义有关。如《诗经·桃夭》所说的“宜其室家”之“室家”二字。

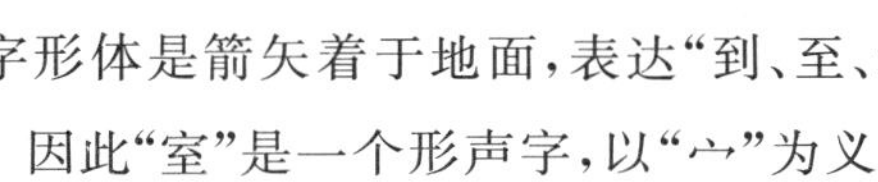

甲骨文　　金文　　简帛　　小篆

上列为“室”字的古文字写法，该字形从“宀”旁，“宀”下的“至”字古文字形体是箭矢着于地面，表达“到、至、终”之义，是“室”的声符。因此“室”是一个形声字，以“宀”为义符表达其意义范畴与房屋有关。《说文解字》：“室，实也。”段玉裁注解道：“古者前堂后室。释名曰：‘室，实也，人物实满其中也。”这就是“室”的本义：内室。“室”用作表示房屋后室之义，是说后室处于房屋的内深之处，与处在前室的“堂”大不相同。《论语》“由也，升堂矣，未入于室也”，这就是“室”在“堂”后的典型例证。在甲骨文卜辞中，“室”常用来表示祭祀场所，有“大室”“南室”等词语，其意义与内室之“室”是一致的。

“家”字也从“宀”旁，很多人误以为“家”的结构所表达的意思是“屋内有豕即为家”，其实“家”字里的“豕”是表示公猪之义的“豭”，它是“家”字的声符。“家”和“室”一样，也是一个形声字。

如同“室”字在甲骨文卜辞中用来表示祭祀场所一样，“宗”字也是一个表示祭祀场所的字。“宗”字古文字形为：

甲骨文　金文　简帛　小篆

“宗”字从“宀”作义符，表示它的意思也与房屋有关，其中的“示”旁原是表示宗庙神主牌位的“主”字，放置神主牌位的房屋自然就是宗室了。因此“宗”的本义就是宗庙、祖庙。

“家宅”之“宅”也是从“宀”的。

甲骨文　金文　简帛　小篆

“宅”字古文字写法与现代汉字一样，从“宀”从“乇”。《说文解字》：“宅，所托也。从宀、乇声。”其实“乇”不但是“宅”的声符，同时也是它的意符。“乇”的古文字形写作：

甲骨文　简帛　小篆

“乇”字在《说文解字》中的解释为“乇，草叶也。从垂穗，上贯一(即地面),下有根”。此解释与“乇”字的甲骨文形体所表达的意思是吻合的。

由此可见,“宅”以“宀”作义符表示房屋之义,同时与表示“寄托”之义的“乇”字组合,最终所表达的就是寄身于房屋之义。

门户囧启雇

“门当户对”是出自元代王实甫《西厢记》中的一个成语，指男女双方家庭的社会地位或经济情况等都很相当、相称，适合结为姻亲。这是封建社会的婚姻观念，未必适用于现代社会，不过可以通过这个词语，来谈谈文字中的“门户之见”，以此审视一下人们日常使用中的“门”是不是“当”，“户”是不是“对”。

汉字中的“门”是一个象形字，它的古文字形体写作：

甲骨文　　金文　　简帛　　小篆

“门”的繁体字形为“門”，其字形与古文字形体所象的门扉之形完全一致，甲骨文中的“门”字甚至还有完整的门框。不过这里所说的“门”，其实是有讲究的，从其古文字形体可知，这些“门”都是双开的门，并未见有单扇的单开门。古时对于“门”和“户”的看法是有差异的：一扇的门称之为“户”，两扇对开的门才称为“门”。《说文解字》：“门，闻也。从二户。象形。”段玉裁注解曰：“闻也。以叠韵为训。闻者，谓外可闻于内，内可闻于外也。”可见许慎对“门”字的解释是一种声训，就是从声韵的角度来进行训诂。声训是文字训诂中的重要方法之一，但许慎在此以声训的方法解释“门”，似乎与“门”字最初的字义有所差距。“门”的本义是双开的两扇门，后来引申为一切门扉之义，而不拘于是单扇还是双扇，如词语“门槛”“门扉”“大门”等。由门扉之义又引申为门派、家族等义，如《三国志》有“汝勿妄语，灭吾门也”。“门”的词义还可扩展为表示“门径、窍门”等义，如《楚辞·九章》：“事君而不二兮，迷不知宠之门。”

“户”相对于“门”而言，指的是单扇的门，它的古文字形其实就是“门”的一半：

甲骨文　　金文　　简帛　　小篆

“户”字在古文字中很少作为单字出现，它往往更常出现在其他字中用作偏旁。《说文解字》：“户，半门曰户。”其实许慎的解释中包含一种“先有门后有户”的观点，但事实上，“门”“户”二字最初都是表示门扉，二者的差异在古文字中其实是可忽略不计的。在甲骨文中，“门”和“户”同时可见，二者所表达的意思也是一致的，从“门”旁的字有写作从“户”旁的例子，反之从“户”旁的字也有写作从“门”旁的。相对而言“门”多见单字出现，而“户”更多见于偏旁之中，这种现象只是由于作为偏旁时，单扇门的书写比双扇门更为便捷的缘故，是字形朝简化方向发展的趋势，而与此二字的用法差异无关。所谓双扇门、单扇门的差别，其实是后世才有的。《字书》中还有对二者更明确的区分：“一扇曰户，两扇曰门。又在于堂室东曰户，在于宅区域曰门。”由于“门”“户”有了更细致的区分，“户”的词义渐渐就与“门”产生了差异，如“户”引申为住户、户籍之义就与“门”表示家族等义有细微不同，如在用作量词时，人们会说“几百户人家”，却不会说“几百门人家”。“户”还引申为表示家庭所从事的某职业，如打猎者可称为“猎户”，这也是“门”字所没有的含义。

总之，“门”“户”二字源出于一个字所采用的不同繁简形体，最初所表示的意思本没有差异，但随着二者在字形中的使用习惯，它们的词义也朝着各自的方向演变而有微殊。但当“门”“户”并列对称时，它们所表示的含义是一致的，比如词语“门当户对”。

捌

钟鸣鼎食——汉字里的衣食住行

衣卒

甲骨文　金文　简帛　小篆

上列古文字形是“衣服”的“衣”字，它是一个象形字，一般认为所象的就是衣领、衣襟和衣袖的样子。《说文解字》：“衣，依也。上曰衣，下曰裳。象覆二人之形。”段玉裁注解道：“衣，依也。叠韵为训。依者，倚也。衣者，人所倚以蔽体者也。上曰衣，下曰常。常，下裙也。”许慎释“衣”是按照声训的方式来解释的，但看古文字“衣”形，当就是上衣的象形，而不必如此屈折作解。因此，“衣”的本义就是上衣。甲骨文中的“衣”字，并不用作本义，而是用在祭祀语中，一般认为是一种祭祀名或祭祀方式，应该是一种借用。古时对衣服称谓有较为严谨的区分，上衣才称“衣”，下衣则称“裳”，“裳”字读音如“常”。后来“衣”才泛指一切衣物，成为服装的通称，如《诗经・无衣》：“岂曰无衣，与子同袍。”古籍文献中除非与表示下衣的“裳”字对称，一般情况下“衣”用作泛称的情况更多。

甲骨文　金文　简帛　小篆

上列古文字看起来与“衣”并没有太大区别，一般认为它是“卒”字的古文字写法，也有认为它其实仍旧是“衣”。过去对于“衣”和“卒”两个字，多数意见都认为原本就是一个字。从字形上来看，它们是没有太大区别的，甲骨文“卒”的第一个字形中的交错图案一般被认为是衣服上的纤维或纹理。在古代语音中，“衣”“卒”二字的读音是相通的。《说文解字》释“卒”：“卒，隶人给事者衣为卒。卒，衣有题识者。”可见“衣”“卒”二字在意义上也是相关联的。古文字学者裘锡圭先生对于甲骨文中“卒”字的解释近年来获得了较多人的认同。他认为甲骨文中作为祭名的用法“衣”，可以按照“卒”字去理解，解释为“终”的意思。由此可见，至少在甲骨文中，上述形体在用法上更符合被释为“卒”字这个观点。不过目前也没有足够的证据证明甲骨文中的“卒”字就是该字形最原始的字义，也不排除它本来确实是“衣”而被借用为“卒”的可能性。当然，在未有更多证据以得出结论前，一切还都是备考论点。不过毋庸置疑的一点是，“衣”与“卒”之关系密切，足可证明二者的同源关系。

“卒”通常用来指古代隶官所穿的统一制服，这种衣服上有统一标记，与普通人的衣服有所差异。后来“卒”被引申来表示穿这些制服的隶卒、差役，如《史记》有：“悉发卒数万人穿漕渠，三岁而通。”后又由隶卒之义，引申为表示兵士中的步兵，如《左传・隐公元年》“缮甲兵，具卒乘”，还有词语中的“一兵一卒”、象棋中的“卒子”等。

裘初表

字词中偏旁从“衣”的字多与衣物有关。如“裘”。

甲骨文　金文　简帛　小篆

上列即为古文字“裘”，它的甲骨文形体看起来就像一件有着皮毛的裘皮大衣。金文中的“裘”字在字形的内部附加了一个“求”字，这是它的声符。《说文解字》：“裘，皮衣也。从衣、求声。一曰象形，与衰同意。”许慎的观点其实也是大多数人对“裘”的理解。一般认为“裘”有两种解释：一者认为它是形声字，以“求”为声符；一者认为它本就是象形字，“求”是后来附加的声符。其实古文字中本有“求”字，而观甲骨文“裘”字的写法，我们认为“裘”字本为象形字的可能性更大。“裘”的本义就是裘皮大衣。如《韩非子·五蠹》有“冬日麑裘”即用如本义。古代“求”“裘”经常可以互通，如《诗经·小雅》有“熊罴是裘”，其中的“裘”就假借为“求”，表求取之义。

有些从“衣”旁作义符的字，由于其表意方式略为曲折，导致很多人难以从它的字形中察觉到它最初与“衣”字的关联，如“初”字。

甲骨文　　金文　　简帛　　小篆

古文字“初”与现代汉字一脉相承，字形结构从“衣”、从“刀”，它是一个会意字，表示的是以刀裁剪衣服。《说文解字》：“初，始也。裁衣之始也”。一般认为所谓“裁衣”为始，是说就制作衣服而言，以刀裁剪是工序的起点，因此用它来表示抽象的“初始、开端”之义。这也是“初”字的本义。

还有一些字，它最初也是从“衣”旁作义符的，但随着其字形的演变，到最后反而丧失了它的原形，使人难以理解它与“衣”字也存有关联。如“表里”的“表”字，从它的现代汉字结构看来，它是个独体字，似乎与“衣”字关联不大。这个字的古文字形体写作：

简帛　　玺印文字　　小篆

古文字“表”的字形，外所象也是一件衣服，衣服内的形体是“毛”字。《说文解字》中所收入的“表”字被隶定为“衺”，其形体与古文字“表”是一致的，对其字义解释为：“表，上衣也。从衣从毛。古者衣裘，以毛为表。”朱骏声注解道：“古衣裘皆外毛，礼服必加裼衣其上。许所谓上衣也，故曰以毛为里，言有表，则毛在里也。”意思是说，古时的人穿裘衣时，将毛面着于表面，以此表示“衣物外表”。因此“表”的本义就是外衣。《论语》有“必表而出之”，其中的“表”就是外衣的意思。因其“外衣”之义，“表”又引申为表示凡一切外表之义，与“里”形成对立，如词语“山河表里”“表里不一”等。又引申为表示人的外观、外貌之义，如词语“虚有其表”等。“表”所指的的意思都有“外”的意思，因此在亲戚关系中，相对同姓氏族亲而略为疏离的亲戚都称“表亲”。

皀食鼎具

“钟鸣鼎食”是用来形容古代豪门贵族宴飨时奏乐鸣钟、以鼎盛食的奢华生活的。现在我们可在博物馆中看到很多出土青铜器，既有“钟”，也有“鼎”，不过需要注意的是，所谓“以鼎盛食”只是一种夸张的描绘，古时常用以盛放食物的容器其实并不是“鼎”，而是一种叫“簋”的器皿。

“簋”字读为 guǐ，它还可以写作“毁”，其古文字形写作：

甲骨文　金文　简帛　小篆

这就是古文字“毁”的原形字“皀”（读 jí），它是器皿“簋”的象形，上有盖、下有底盘，是古人盛放食物的主要器皿之一。字形后来附加了“殳”旁，成为“毁”。《说文解字》：“簋，黍稷方器也。从竹、从皿、从皀。”所谓“从竹、从皿、从皀”都是后世字形演变过程中在其原形“皀”上所附加的义符而已。“簋”作为食器过去多使用竹制，因此后来附加了“竹”旁以表义。后又附加了“皿”为义符，提示它作为盛物器皿之义。总之，“簋”作为盛放食物的器皿是毫无疑问的，而且这也是它的本义。文献中用此本义者，有《诗经·秦风》“每食四簋”，《周礼》“鼎簋十有二”等。

以“簋”为食器，那以它为义符的字，必然与饮食脱不开关系。如上文曾提过的表示前往进食之义的“即”、表示食毕离席的“既”、表示相对而食的“鄉”等，都是此例。当然，“食物”之“食”本身也是以“簋”为义符的。它的古文字形写作：

甲骨文　金文　简帛　小篆

字形上部的三角状形体“亼”象一个倒扣的盖状，下部就是盛放食物的簋，一般认为“食”字象食物盛放在器皿当中，引申为表示食用之义。《说文解字》：“食，一米也。从皀、亼声。”许慎认为“食”是形声字，或也可备一说。“食”的本义就是饭食，《周礼》有“掌王之食饮”，注解曰：“食，饭也。”《战国策》：“孟尝君使人给其食用，无使乏。”亦是用为本义。后引申为表示凡一切食物之义，就是现在所谓的“粮食”。“食”还有一个特殊的含义，即用为“蚀”，如“月食”“日食”。“月食”一词并不晚出，它最早可见于殷商甲骨文中，甲骨文卜辞常见“月有食”一词，意思就是“有月食”。“食”用作动词表食用之义，是其引申义。

相对于食器“簋”而言，“钟鸣鼎食”之“鼎”，反而并不是经常作为盛放食物之用的。“鼎”字古文字形为：

甲骨文　金文　简帛　小篆

“鼎”字正如上所示，是一个“鼎”器的象形。“鼎”多为三足，中为圆腹，上有鼎耳，足下空出的位置用以置放柴火。鼎主要是用来烹煮食物的器皿。但早在商周时期，鼎就不再作为日常烹饪器皿了，它更常被用于置放在宗庙内，上铸有文字，成为一种记录先祖丰功伟绩的礼器。《说文解字》:“鼎,三足两耳,和五味之宝器也。”《左传》云“国之大事,在祀与戎”,古代社会除了战争以外,祭祀一事也是重中之重。帝王对于祭祀所用的礼器也十分重视,作为祭祀礼器最重要的鼎亦被视作王权的象征。《左传》记载的典故“问鼎”,是说春秋时楚庄王意图谋取政权,而向周王室询问其鼎之大小轻重,因此后世以“问鼎”一词来表示在夺取政权中获胜的情况。

皿益豆登

甲骨文　　金文　　小篆

上列古文字形体是汉字“皿”的写法，“皿”是个象形字，所象的是一种盛食物的器皿。《说文解字》：“皿，饭食之用器也。象形，与豆同意。读若猛。”汉字中凡以“皿”为偏旁者，多是以“皿”作义符，所表达的含义都与器皿有关。如“增益”之“益”，其古文字形体写作：

甲骨文　　金文　　简帛　　小篆

“益”字最初的形体从“皿”、从“水”，二者合起来表达器皿之中有水向外溢出之义，因此“益”其实就是“溢”之本字，而它的本义也正如它的字形所表达的含义一致，就是指“水往外漫出”“满溢”之义。《说文解字》：“益，饶也。从水、皿。皿，益之意也。”“益”由其“满溢”之义，引申为表示凡一切事物在某方面过满过多或程度深等义，如《吕氏春秋》：“人或益之，人或损之，胡可得而法？”“益”与“损”对称，表达数量上的过多、过满，也就是“增益”之义。随着“益”被常用于表示“增益”之义，为了进行区分，在表示水之“满溢”之义时，就增加了“氵”旁，分化出了“溢”字，《说文解字》：“溢，器满也。”相应地，原来不从“氵”旁的“益”字则专门用来表示“增益”之“益”。二字在最初本就一字，“溢”由“益”分化而来，在典籍文献中，二者可互通，如《吕氏春秋》“澭水暴益”，其中“益”即为“溢”。

《说文解字》中说“皿”“与豆同意”，其中的“豆”并非植物或食物之豆，而是指古代的一种盛放食物的器皿。“豆”字古文字形写作：

甲骨文　　金文　　简帛　　小篆

“豆”是一个象形字，所象的是一种底盘较高、器腹较大的盛放食物的器皿，有些形体有盖状。因此“豆”的本义就是古代某种盛放食物的器皿。《说文解字》：“豆，古食肉器也。”《诗经·大雅》有“卬盛于豆”，用的就是它的本义。豆这种食器出现在新石器时代晚期，但在商周时期很是盛行，它的材质由最初的陶制慢慢发展为瓦制、木质、青铜制等，不同材质的豆在过去也有不同的称呼，《尔雅》有云：“木豆谓之豆，竹豆谓之笾，瓦豆谓之登。”“豆”表器物的用法，后来又引申为表示容量的单位，如《左传·昭公三年》：“四升为豆。”表示豆类植物的用法则是一种假借，与其本义无关。

《尔雅》有所谓“瓦豆谓之登”，我们不妨再来说说这个“登”字。“登”字的古文字形体写作：

甲骨文　　金文　　简帛　　小篆

从“登”的古文字字形可以看出，它是一个会意字，字形主体是一个“豆”形，其上有两个“止”，即“癶”形，是双足登踏之义，其下有一双手，即“廾”，是双手拱托之义。古文字“登”所表达的含义是以手奉豆，豆中盛食，升阶以敬奉神祇或先祖，这是与祭祀有关的一种行为，因此“登”的本义就是升登。

甲骨文中“登”字即用于祭祀卜辞中表示某种祭祀手段，一般认为是向先祖进奉新禾的一种祭祀。甲骨文中有部分“登”字上部从“米”，以表示“豆”中所盛为粮食，也有部分“登”字从“禾”部，是其作为进奉新禾之祭祀的证据。也有观点认为，这种献禾的祭祀也就是“烝（蒸）”，“烝（蒸）”为“升”之义，“登”亦表“升”之义。《说文解字》：“登，上车也。从癶、豆。象登车形。”许慎所谓上车之形，当是由“登”最初的“升登”之义而来。“登”后世还引申为表示谷熟、丰收之义，如《孟子·滕文公》有“五谷不登，禽兽逼人”，还有词语“五谷丰登”等。

其 箕 丌 粪 弃

古代器皿中除了大多用于盛放食物的食器外，还有一些用作盛物的器皿。下列古文字即为器皿“其”的写法：

甲骨文　　金文　　简帛　　小篆

由古文字写法可知，“其”字其实是一个象形字，它所象的是一个簸箕的形状，因此“其”是“箕”的初文。《说文解字》：“簸也。从竹、𠀠，象形；下其丌也。”如许慎所言，“其”字最初的写法就是一个簸箕的象形，它的本义就是簸箕。“下其丌也”的意思是说，下部所从的结构是这个器皿的“丌”。“丌”，古“其”字，《说文解字》：“下基也。荐物之丌，象形。读若箕同。”“丌”字最早见于战国文字中，其形体写作：

战国金文　　战国简帛　　东汉小篆

“丌”字其实是从“其”的结构中分化出来的一个字，它的形体正是古文字“其”的下部，即簸箕的底盘或底足之形。“其”字在甲骨文中未见有底盘状，金文中慢慢演化出底盘之状，且由一横笔衍生成后来的“丌”。可见“丌”由“其”来，故其读音如“其”，其义为“其”之下基，是为了承托住上方器皿之用的。

“其”字后来被借用为表示虚词“其”，于是就根据簸箕多由竹制这个特点，为表示“簸箕”之义的“其”附加了“竹”旁，就分化出了“簸箕”之“箕”。而“其”则久借不还，最终成了专用于表示虚词之字，自此与其本义脱离了关系。

其作为簸箕，主要是用来盛物的。如同我们现代的簸箕一样，古代的簸箕也用于盛放废弃之物，这可以从下面这个典型的古文字形看出：

甲骨文　小篆

这是古文字“粪”，它是一个会意字。甲骨文“粪”字形上部为一个表示簸箕的“其”，下部有两手承托住，“其”上有几个点状物，一般认为这个点状物是土屑、污秽之物等。因此这个字形所表达的含义就是双手持簸箕将污秽之物倒洒出去，这就是“粪”字的本义：扫除污秽。《说文解字》：“粪，弃除也。”《荀子》有云“堂上不粪，则郊草不芸。”就是用的“粪”之本义。由以其“扫除污秽”之义，引申为表示污秽之物，即“粪土”之“粪”。再引申为表示以污秽之物对农作物进行施肥的行为等。

“其”不仅可以用来盛装秽物向外倾倒，还可以盛装一些不可思议的事物。

甲骨文　金文　简帛　小篆

上列古文字是“弃”，它是一个会意字，字形结构与“粪”字的差别仅在于“其”中所盛放的不是秽物，而是一个婴孩的形体，也就是“子”。甲骨文中第一个“弃”的形体完整地表达了“弃”字的含义：双手持簸箕将婴孩丢弃。这就是“弃”的本义：遗弃。古文字“弃”也有省略簸箕形的结构，这就是倒立的“子”与表示双手的“廾”，其结构与现代汉字“弃”相差无几。《说文解字》：“弃，捐也。”“捐”就是抛弃的意思，这就是“弃”字最原始的意义。文献中用如本义的“弃”不胜枚举，如《左传》“天之弃商也久矣”，《六国论》“举以予人，如弃草芥”等。因“抛弃”之义，“弃”又引申为表示废除之义，如“废弃”一词；还引申为离弃、离开之义，如李白著名的诗句“弃我去者，昨日之日不可留；乱我心者，今日之日多烦忧”。

医(醫)酉酒酋尊

“久病成医”是说常年生病就对医理有所熟悉。

“医”是个会意字,它的繁体字写作“醫”,字形结构从“殹”、从“酉”。《说文解字》:“医,治病工也。殹,恶姿也;医之性然。得酒而使,从酉。王育说。一曰殹,病声。酒所以治病也。《周礼》有医酒。古者巫彭初作医。”许慎对“医”的解释与现在的医生没有什么区别,但治病的医生之“醫”为什么在字形中会有一个“酉”字呢?对于“醫”的解释,文字学家段玉裁认为:“殹”字应当还有一个“疒”旁,其原形应该是“瘶”。“瘶”的解释是“剧声也。剧声谓疲极之声”,也就是《说文解字》所说的“病声”,所以“醫”字上部结构应该是它的义符,是与医生治病之义有关联的。而“醫”下部的“酉”字,其实就是“酒”。

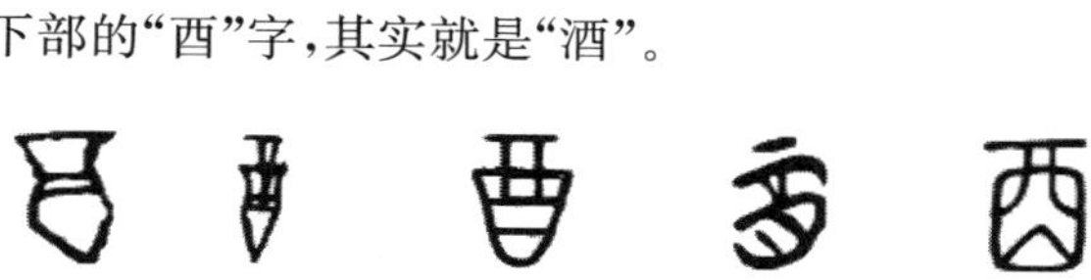

甲骨文　　金文　　简帛　　小篆

上列为古文字“酉”,它是一个象形字,所象者就是一个装酒的器皿,其器有盖状,十分形象。酒为液体,无形可象,以盛酒的固定容器来表示酒,很能说得通。这就是“酉”字的本义:酒。《说文解字》释“酉”:“就也。八月黍成,可为酎酒。象古文酉之形。”

酒在中国是一种历史非常悠久的饮品，据有文字记载的历史来看，早在上古夏商周时期就有酒，而且还是当时非常盛行的一种饮品。古人很早就掌握了酿酒的工艺，也爱好饮酒，但人在饮酒致醉后，常常容易做出一些违反常态的事。当时的人对于酒精给人带来的这种影响还无法从科学的角度去理解，于是往往容易采取鬼神化的观念去解释，或许也正因为此，古人对酒或多或少是存在过一段敬畏期的。如《尚书·酒诰》云“庶群自酒，腥闻于上，故天降丧于殷，罔爱于殷”，《尚书·微子》亦云“天毒降灾荒殷邦，方兴沉酗于酒”，二者都是周朝人对于殷商的指责，认为商朝之所以灭亡的主要原因就在于沉湎于饮酒，并以此为鉴，警示后人不要步其后尘。

对于“醫”字从“酉”，《说文解字》的解释是“酒所以治病也”，意思就是说酒是可以用来治病的。对于“酒”可以治病的观点，文献中也有相关记载，如《曲礼》“有疾则饮酒食肉”，《汉书》有“酒，百药之长”。对此，段玉裁的看法则是“医本酒名也”，意思就是说，“医”字本来就是一种酒的名字，是后来被用作治病了，才慢慢有了医治疾病的意思。《周礼》有这么一段记载：“辨四饮之物：一曰清，二曰醫，三曰浆，四曰酏。”可以看到，在这里，“醫”就是酒的一种，所以“醫”字从“酉”是有其依据的。

“醫”字还有一种异体写法，是将其下面的“酉”换成“巫”，即成“毉”。这个异体写法不得不让人联想到，“酉”与“巫”是不是也应当存在某种共通性？不然无以成就二者的互换。事实也确实如此，在科学极端不发达的古代社会，曾经有一段漫长的“巫医不分”的历史。古人迷信以巫术治病，乃至于现代一些较原始的部落仍旧有此遗存。古人认为，人会生病是因为受到了天神或鬼神所降下的灾难，而巫者在祭祀中常常是作为可与天神或鬼神进行通话的媒介者，他们能传达天神或鬼神的意志，因此也能帮人摆脱这种灾难，也就是治病。这时的巫者就等同于医者的身份了。

从“西”的字，还有一个“酋”需要提一下。“酋”字在《说文解字》中的解释是：“从西，水半见于上。《禮》有‘大酋’，掌酒官也。”其实“酋”字的本义是指陈酒，典籍中用如本义的例子如：《周礼》“昔酒，今之酋，久白酒”。它也用来指掌管酒的官员，如《礼记》“乃命大酋”，注曰：“酒熟曰酋。大酋者，酒之长也。”后来一些部落的首领称“酋”，或许就与其官职称谓的意思有所关联。

与“酋”“西”相关的字还有“尊”，其古文字形写作：

甲骨文　　　　金文　　　　简帛

甲骨文字形中的“尊”是个会意字，它所表示的是以双手奉酒的意思。《说文解字》的解释是：“尊，酒器也。从酋，廾以奉之。《周礼》六尊：牺尊、象尊、著尊、壶尊、太尊、山尊，以待祭祀宾客之礼。”可知“尊”字本来是一种盛酒的器皿。后来这种器名常常用于祭祀的礼器，因此“尊”后来又有了尊贵之义。

爿 牀 床 疾 病

“床前明月光”之“床”在诗词中的注解历来有较多争议，近年来有较多人认为应释为“井栏”。不过无论在这句诗词里“床”作何解，它的本义确实就是我们现在所称的“卧床”之“床”，只是古代的“床”和现代的“床”略有差异罢了。在文字历史中，“床”字过去的写法是“牀”，而按照它最初的字形来隶定的话，实际上应该是“爿”。“床”的古文字形如下：

甲骨文　简帛　小篆

甲骨文中这个字形一般隶定为“爿”，其实就是“床”，它是个象形字，所象的就是一张侧面摆置的床榻、几榻之形，是古人坐卧的器具。由于它的材质多为木质，后为其增加“木”旁以明确字义，就成了“牀”（后被认为是“床”字的异体）。《说文解字》：“牀，安身之坐者。”是认为床是供人安身休憩之处。事实上古代的床未必只用于睡觉，亦可用作日常起居中倚靠休憩之用。“牀”的字形后来由于偏旁形体的演变，其中的“爿”形慢慢演变为“疒”，又讹变作“广”，这才有了现代汉字“床”。当然这个演变是很晚以后的事。

“爿”作为“床”，凡形体中有它用作义符的字，多与卧床等义有关，如“疾病”之“疾”（疾病需要卧床休息）。“疾”字的最初形体为“疒”，也就是现在所说的“病字头”。它是一个象形字，古文字形写作：

甲骨文　　　　金文　　　　简帛　　　　篆书

甲骨文中的“疾”字按照严格隶定来说，其实就是“疒”。看甲骨文“疾”的第一个形体，它的左边是一个“爿”（即床），右边是一个人形卧于床上，人形周围有一些小点是人身上所流的汗。满身是汗地卧于床上，是疾病卧床之状，因此这个字形所表达的含义就是“疾”字的本义：卧病在床。《说文解字》：“疾，病也。从疒、矢声。”段玉裁注曰：“析言之则病为疾加，浑言之则疾亦病也。”意思是说狭义的“疾”指的是轻微的病痛，而广义的“疾”与通常所说的“病”是一个意思。由此可见，古代“疾”“病”二字在词义轻重程度上是略有差异的。《说文解字》：“病，疾加也。从疒丙声。”就是指“疾”加重到一定程度才称之为“病”。因此“疾”常称作“小疾”，一些小病小痛都可称“疾”，如“眼疾”“耳疾”等，甲骨文卜辞中常见有“疾齿”“疾耳”等词，就是用的此义。而较为严重的疾病则称为“病”，如“病笃”“病入膏肓”等词语。后来，当对“疾”“病”二字不作具体指称或特别限定的时候，它们所表达的含义则都是泛指一切疾病。

许慎认为是形声字的“疾”字其实是个后起字，“疾”之从“矢”旁应该是来源于甲骨文“疾”字的第二个形体。该形体左侧为一个正立的人形，于人形腿部作了特殊标记以示意伤患处，旁边以“矢”会意，像有箭矢伤人的样子，可见“疾”的本义应是某种外伤所致的疾病。由于箭矢的速度是极快的，因此“疾”由箭矢伤人之义引申为快速、疾速之义，如《战国策·赵策》：“不能疾走。”

寢夢寤寐

“丬”是“床”字的最初形体，汉字中有部分带有“丬”作偏旁的字，是与“床”的意义有关的。如“寝”“寤”“寐”等。

甲骨文　　金文　　简帛　　小篆

上列为古文字“寝”。“寝”字繁体写作“寢”，字形从“丬”。甲骨文“寝”字的第一个字形结构为房屋之形的“宀”下有表示床之义的“丬”，示意屋内有床。第二个甲骨文“寝”字中“宀”下所从的结构是“帚”字，“帚”是扫帚的象形，在古文字中它是“婦（妇）”字的原形，因此第二个甲骨文形体所表示的含义是屋内有妇，一般认为“寝”指妇所居住之所。不论是“屋内有床”或“妇之居所”，“寝”字所表示的主要含义与睡觉有关，因此“寝”的本义就是睡觉。《说文解字》：“寝，卧也。”后因“睡觉”一义，引申为表示睡觉之所，因此有“寝室”“寝宫”“陵寝”等词。典籍中的“寝”还可表示相貌丑陋之义，如《史记・魏其武安侯列传》有“武安者，貌寝”。小篆中的“寝”字不从“丬”旁，而从“人”，这是后世字形演变中的异体，写作“寑”。

有一个字在最初也与“丬”有关，但随着后世字形演变失却了其最初的形体，进而使人一时之间难以察觉其最初与“爿”的关联，这就是“梦”字。“梦”字繁体写作“夢”，不论其繁简形体，似乎都看不出任何与“爿”相关的痕迹。实际上“梦”字的原形应该是“㝱”，它的古文字形写作：

甲骨文　　　　小篆

“㝱”字甲骨文形体是一个会意字，字形右边是表示床的“爿”，左边为一个侧面人形，人形头部突出了眼睛的形状，人形手部或有张牙舞爪的样子，整个字形结构所表达的含义就是人睡卧在床上却睁眼、手舞足蹈，这是人处于梦魇中的样子。以此来表示“梦魇”之“梦”。《说文解字》：“寐而有觉也。”因此“㝱”的本义就是“做梦”之“梦”。后来随着字形的简化，“㝱”省略了“宀”和“爿”，而取“夢”字为之，直至最终简化为“梦”，其字形结构中就再也看不到该字最初用于表意的符号了。

除了“寝”和“梦”以外，“寤寐”二者都从“爿”，它们也都与“床”或“睡觉”有关。

甲骨文　　　　篆文

上列为“寤”字的古文字形体。甲骨文字形，左侧“爿”为床形，中间是一个侧卧于床上的人形，在人形头部突出了眼睛“目”的形状，以示意卧床而处于睡梦之中。右侧一个交叉状形体是古文字“五”字，这是它的声符，示意“寤”字从“五”声。篆体中的小篆“寤”省略了人形，且将“五”改作“吾”；篆体中的籀文（大篆）形体不仅改“五”为“吾”，还保留了“寤”字结构中处于睡梦的人形。《说文解字》:“寤,寐觉而有言曰寤。从㝱省,吾声。一曰昼见而夜㝱也。”因此“寤”的本义就是“睡醒”。古籍中“寤”字有很多通假,如通“牾”,意思是“忤逆”之“逆”,《左传·隐公元年》“庄公寤生,惊姜氏,故名曰寤生”,是说郑庄公因为是逆着出生的,使其母受了惊,所以给他取名叫“寤生”。

甲骨文　　小篆

上列为“寤寐”之“寐”的古文字写法。甲骨文“寐”字从“宀”、从“爿”、从“人”、从“口”,字形中的“口”旁为增益的无意义符号,可忽略不计。除此以外,整字所表达的含义就是一人卧于屋下的床上,这就是睡卧之义。《说文解字》“寐,卧也”,是其本义。《诗经·卫风》“夙兴夜寐”即是用其本义。小篆中“寐”字从“未”,是其声符。

“寤寐”一词中,“寤”表示睡醒、“寐”表示睡,合起来就是泛指日夜,如《诗经·关雎》中熟悉的句子:“窈窕淑女,寤寐求之。”

行卫道逆

古诗“行行重行行”中的“行”是行走之“行”。“行”字用来表示“行走”之义只是它的引申义，它最初的意思其实是“道路”。要解释它的本义很容易，从“行”之古文字形即可一目了然：

甲骨文　金文　简帛　小篆

古文字“行”是一个象形字，它所象的就是纵横交错的道路之形。《说文解字》：“行，人之步趋也。从彳、从亍。”用“行”之本义的例子，如《诗经·七月》“遵彼微行”，意思就是沿着那条小路；《诗经·小弁》“行有死人”，就是道路上有死人的意思。“行”字作为道路之义，常用于其他字中作偏旁，表示与道路相关的含义。但也有些字，由于字形过程中产生了较大形体变化而导致其现在的形体中丝毫不见“行”的痕迹，如“防卫”之“卫”字。

“卫”字繁体作“衛”，其古文字形写作：

金文　甲骨文　金文　简帛　小篆

古文字“衛”是个会意字，它最初的形体如第一个金文字形，中部是一个表示城郭的方廓形，在城郭的四周有四只脚的形状，字形整体所表达的含义就是有卫兵在城郭四周来回巡逻，以此表示防卫之义。因此“衛”的本义就是：防卫、保卫。《玉篇》：“卫，护也。”《战国策·赵策》“以卫王宫”，就是用其本义。在城郭四周防卫时需要来回行走，“卫”字形体中又附加了表示道路之义的“行”作为义符，因此“卫”字繁体才会从“行”旁。

除了“衛”这样使用“行”作为义符的字以外，其实大多用“行”作义符表示道路等含义的字中，并不常用完整的“行”，而大多只取“行”的一半“彳”即可。“行”的偏旁一分为二就是“彳”“亍”二字，它们的读音分别是 chì、chù，“彳亍”一词所表达的含义就是漫步走路。汉字中的偏旁“彳”基本都是“行”的省写，从此偏旁的字，多数都表示与道路相关的含义。“彳”还可以与“止”合并为“辵”，“辵”字读为 chuò，它就是汉字偏旁中的“走之底”：“辶”。因此，偏旁从“辵（辶）”或从“彳”在很多时候其实是可以互通的，且它们作为义符出现在其他字中，都是表达与道路或行走相关的含义。如“道路”之“道”的古文字形作：

金文　　简帛　　小篆

金文“道”从“首”从“行”，到战国文字中则从“首”、从“辵（辶）”。《说文解字》：“道，所行道也。”“道”的本义就是供人行走的路。

甲骨文　　金文　　简帛　　小篆

上为“通道”之“通”的古文字形，甲骨文“通”字既可只从

"彳",也可同时从"彳"与"止"(即"辵"),其所表达的含义不变,均是在道路上行走之义。"通"的本义就是通过之义。它最初从"用"为声符,后演变为从"甬"作声符。《说文解字》:"通,达也。"

甲骨文　金文　简帛　小篆

这是古文字"逆"。"逆"字与"通"一样,甲骨文和金文中皆有从"彳"和从"辵"的形体,可见二偏旁可互通。"逆"中的另一个偏旁是一个倒立的正面人形,也就是倒立的"大",写作"屰"。"逆"的字形结构所表达的含义就是,一个倒立的人形行走于道路之间(也有人认为它仍是形声字,从"辵""屰"声)。当然人是不会倒立的,这个倒立的形体所指的是人逆向行走时的样子。逆向行走与顺向行走是相对的,有人顺着向你走来,而你逆向走向前,这就是迎接的意思。因此"逆"的本义就是:迎接。《说文解字》:"逆,迎也。"古人因方言差异,对于"迎"的说法略有差异,正如许慎所言:"关东曰逆,关西曰迎。"《左传·僖公二十三年》"晋侯逆夫人嬴氏以归",用的就是"迎"之义。还有词语"逆旅"也用如本义。

玖

兵戈为伐——汉字里的士农工商兵

弓 引 弹

甲骨文　金文　简帛　小篆

上列是“弓”字的古文字写法。字形像一张弓，有弓背和弓弦，该字的本义就是弓。《说文解字》：“弓，以近穷远。”《正字通》：“弓，揉木而弦之以发矢。”都是指其本义。

“弓”是汉字中常见的偏旁部首，字形中含有“弓”的字，多数与“弓”的意思有着密切的关系。如“引弓待发”的“引”字，它的古文字形体如下：

甲骨文　金文　简帛　小篆

“引”是一个会意字，字形所示为一张弓的象形，在弓背处支出一笔，以此示意开弓引箭之义，因此“引”的本义就是：开弓、拉弓。《说文解字》：“引，开弓也。从弓、丨。”《孟子》：“君子引而不发，跃如也。”后由“开弓、拉弓”，引申为表示一切拉、扯之义，如《史记·廉颇蔺相如列传》有“引相如去”，《世说新语》有“友人惭，下车引之”等。此后又由“拉、张”之义，引申为伸出、探出等义，如词语“引颈期盼”等。“引而不发”的“发”字也是从“弓”的，它的繁体为“發”，古文字形体如下：

甲骨文　　金文　　简帛　　小篆

甲骨文“发”是会意字，字形左边为一张弓，在弓弦处作虚线处理以表示开弓射箭后弦处于震颤中的形态；右边是一个“攴”（与“殳”表意相同，二者可互通），以示手持弓箭以发弓。因此“发”的本义就是开弓射箭。《说文解字》“发，䠶（射）发也”；《诗经・小雅》“发彼有的”，都是指它的本义。射箭指的是箭矢由弦上射出去，即发出，因此“发”又引申为表示一般意义上的出发、上路等，如《楚辞・离骚》“朝发枉诸”。出发就是开启某一段旅程或开始某一事物，因此“发”还可以用来表示开启之义，如词语“发动”“先发制人”等。此外，“发”还可以表示生长、发生之义，如王维《相思》诗句“红豆生南国，春来发几枝”；表示启发之义，如《论语》“不愤不启，不悱不发”，等等。

“弓”不光可以指“弓矢”之“弓”，也可以指“弹弓”之“弓”，弓矢发出的是箭，弹弓发出的就是弹丸。《说文解字》：“弹，行丸也。从弓、单声。”许慎所看到的“弹”字已经是它的较晚形体，是从“单”声的形声字“弹”，但早在殷商时期，“弹”字应该是个指事字。

甲骨文　　小篆

甲骨文“弹”字从其字形结构上来看，是一张弓的象形，只是在弓弦部位标示了一个圆形结构，以此指示此为弦上的弹丸所在。因此，“弹”的本义正如许慎所说就是弹丸之义。小篆中“弹”字不仅有从“单”声的写法，还有一个从“丸”旁的写法，此“丸”当是来自“弹丸”之“丸”。

矢至晋箭函射

《荀子·劝学》“质的张而弓矢至”，意思是箭靶铺张起来，弓矢就会射来。这里也不妨铺设一张箭靶，使“弓矢”以“至”。古文字“矢”写作：

甲骨文　金文　简帛　小篆

“矢”很显然是一个象形字，所象的就是一枚箭矢之形。《说文解字》：“矢，弓弩矢也。”这就是“矢”的本义：箭矢。“矢”射于地面，就是“至”。“至”的古文字形写作：

甲骨文　金文　简帛　小篆

“至”是个会意字，字形从“矢”、从“一”。所谓的“一”其实是表示地面形状的一条线，而上部的“矢”是箭头朝下的，整个字的形体所表达的意思就是箭矢至地，也就是“到”的意思。可见“至”的本义就是至、到。《说文解字》：“至，鸟飞从高下至地也。”

单支箭矢射于地面是“至”，那两支箭矢的情况又如何呢？

甲骨文　金文　简帛　小篆

上列古文字是“晋”字，它的繁体字形写作“晉”，其字形上部就是两支向下射来的箭矢之形。《说文解字》：“晋，进也。日出万物进。从日从臸。”有学者认为，“晋”字是“箭”字的初文。《周礼》“其利金锡竹箭”，郑玄注：“箭，篠也……杜子春曰：‘晋当为箭，书亦或为箭’。”也就是说此处的“晋”本应该是“箭”字，之所以被换成了“晋”，足见“晋”“箭”二字是可以互换的。类似这种“晋”“箭”互换的例子还有很多，如《周礼》“《汉读考》云‘大射缀诸箭’，注：古文箭为晋”等。或者可以据此推知，“箭”这个词，最初是用“晋”这个字形来表示的，后来才随着字形和字义的演变慢慢被“箭”字所取代。从字音上来看，“晋”“箭”二字在上古音中确实存在同音情况，而在字义上，二者也都曾被解释为“进也”，如《说文解字》《尔雅》《广雅》等都释“晋”为“进也”，而《释名》也有释“箭”为“进也”。可见二者在字义上也是相通的。

从上述音、义两方的证据看来，“晋”被认为是“箭”的初文基本是可信的。至于为什么古文字形写作两支箭指向日形的“晋”会被用作表示“箭”，有学者认为，这或许与传说中后羿的故事有关。尽管后羿射日的故事只是传说，但历史中后羿其人确是擅长射箭的，那他与“箭”的关系就真实存在，此说或可以作为一种参考。

箭矢被收于“箭囊”之中，是为“函”。

甲骨文　金文　小篆

“函”字是个象形字，它所象的就是一个箭囊的形状，囊中装有箭矢。这就是“函”的本义。“函”由箭袋、箭囊之义，引申为一切盛物的套子、盒子，如词语“信函”“镜函”等。后又引申为一切包纳、包含之义，如《汉书·扬雄传》“以函夏之大汉兮”，即用为包涵之义。

与箭矢有关的字形，有一个“射”字不得不提。过去网络上曾有一个有趣的说法，认为汉字中“射”字与“矮”字应当互换字形，其观点是认为“射”字结构“身、寸”当表示“矮小”的意思，而“矮”字结构“矢、委”表达的才是“射箭时箭矢委曲”的意思。当然，这只是一种对字形望文生义的趣味性理解，与文字的理据自然是背道而驰的。

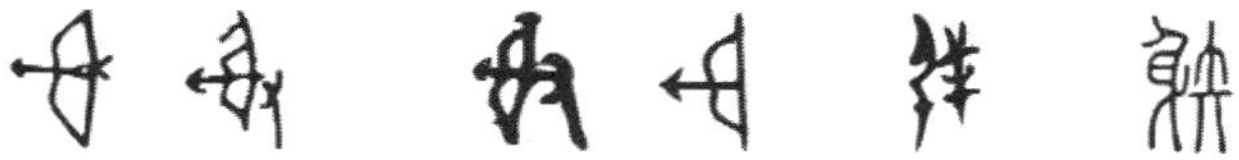

甲骨文　　金文　　简帛　　小篆

上列即为“射”的古文字写法。它其实是一个会意字，其甲骨文、金文中的形体所表达的含义非常明确，即开弓射箭。值得注意的是，“射”字到后来演变成现在的“射”形，从偏旁结构来看，“寸”字是指手腕以下到手肘那部分，“寸”有法度、准则的意思，从“寸”的相关字也很多具有“法度”之义，如“导”“将”“冠”“寺”等。

由上述对“射”字的理解可知，网络上所谓“矢、委”的说法显然是违背“射”字最初字形结构的理据的。“矮”也是一样的情况，“矮”字古文字不见，它的异体写作“躷”，很显然就是提示它的字义与人的身体有关，其本义应当就是指人的身体矮小，自然也就与所谓“身、寸”毫不相关了。由此可见，理清了汉字的历史发展脉络，理解了汉字的构字理据，对于一些望文生义的错误理解自然就不攻而破了。

弋 戈 戊 戌 戍

一般提到中国古代的兵器，很多人可能都会第一个想到“兵戈”之“戈”。“戈”作为冷兵器时代最为常见的作战工具，其实早在上古殷商时期就已经盛行。要知道“戈”的样子，除了出土文物外，还可以通过它的字形写法来确认。古文字“戈”的形体结构如下：

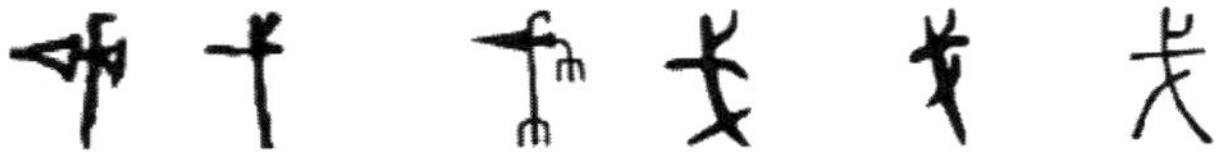

甲骨文　　金文　　简帛　　小篆

“戈”是个象形字，甲骨文和金文中的“戈”字很忠实地描绘了这种兵器的外形。它是一种平头横刃的击杀武器，一般被固定在长柄（即戈柲）之上以便于握持。《说文解字》：“戈，平头戟也。从弋，一横之。象形。”这就是“戈”的本义，文献中的“戈”最初用本义较多，如《楚辞·国殇》：“操吴戈兮被犀甲，车错毂兮短兵接。”后来“戈”也被用来泛指兵器之义，如《礼记·檀弓》：“能执干戈以卫社稷。”

“戈”字整体其实是包含了戈刃与戈柲的，许慎说的“从弋”，所谓“弋”是与“戈”有所差异的，它的古文字形写作：

甲骨文　金文　简帛　小篆

“弋”字甲骨文象戈柲之状，一般认为它是橛杙之“杙”的本字。《说文解字》：“橛也。象折木衺锐著形。”一般认为“弋”的本义是小木桩，但看其古文字形所示，应当是指木杆之形。古代捕鸟活动中有一种用器也叫“弋”，是指在射鸟的箭尾系有细绳，射出后通过细绳将箭矢收回，这应该与“弋”作为固定武器的设备之义有所关联。

“戉”字的现代字形看似一个独体字，但它其实也是一个与“戈”类似的兵器。

甲骨文　金文　简帛　小篆

如其古文字形体所示，“戉”其实就是一种形似斧钺的武器，这也是它的本义：大斧。《说文解字》：“戉，斧也。从戈、𠄌声。《司马法》曰：‘夏执玄戉，殷执白戚，周左杖黄戉，右秉白髦。’”许慎认为“戉”是形声字，这与其字形不符，严格来说它只是一种似“戈”的武器，而非从“戈”旁。

从“戈”的兵器有很多，但需要注意的是，很多与“戈”形相关的兵器用字，都随着形体演变而失却了原形，很容易使人忽略掉它也曾是与兵器有关的这一事实。如“戊、戌”二字。

甲骨文　金文　简帛　小篆

“戊”字是个象形字，说“戊”字从“戈”旁其实也是不准确的。

它和“戈”一样也是一种兵器，只不过与“戈”不同的是它的刀刃是纵刃，其余结构与“戈”无异。随着其字形结构变化，最后形体就成了从“戈”的样子。“戊”的本义也是兵器，但古籍文献中用其本义的例子暂未发现，因为“戊”早在甲骨文时期就已经被借用来作为干支纪时，是表示天干第五位的专用字。

同样用为干支字的“戌”和“戊”的情况是一样的，它的古文字形写作：

甲骨文　　金文　　简帛　　小篆

“戌”也是一种兵器的象形，与“戈”“戊”的区别也只在于刀刃处。而且“戌”的用法也与“戊”一样，在典籍文献中并未见“戌”用作本义的例子，它也于甲骨文中就用作干支专用字，表示地支的第十一位。由于十二地支也用于表示十二时辰，因此“戌”也用作记录时辰。而十二地支与十二属相的对应，又使“戌”可以表示生肖中的狗。

歲 我

在与“戈”字形体相似且都用于表示兵器的文字中，除了表示干支字的“戊、戌”等字以外，还有两个比较特殊的字需要提一下，那就是“岁”和“我”。这两个字的形体与其现在所表达的含义之间似乎并没有太大关联。而当我们不知道二者最初字形的情况下，也难以想到它们原来也与兵器有所关联。

先看“岁”，它的古文字作：

甲骨文　　金文　　简帛　　小篆

“岁”字繁体写作“歲”。甲骨文“岁”字是个象形字，所象的是一种弯曲卷刃的兵器。金文中的“岁”增加了两个“止”，也就是“步”，用作表示“岁星”之“岁”。有人认为，古人以岁星纪年，而“步”有经历之义，因此在“岁星”之“岁”上附加“步”旁。或可备一说。《说文解字》：“岁，木星也。越历二十八宿，宣遍阴阳，十二月一次。从步、戌声。律历书名五星为五步。”许慎之说只能证明“岁”与“木星”的关系，但从古文字形可知，“岁”的最初字义应该就是兵器名，用作“岁星”则是后起的。

甲骨文卜辞中的“岁”字是用在祭祀行为中的，作为祭祀名，也作为一种处理祭祀牲品的方式，这应该是由“岁”的本义引申而来的用法。金文中“岁”已经频繁用作表示“岁星”，常有纪时语作“岁在乙卯”“岁在丙寅”等。“岁”后来因其用作岁星纪年之故，又引申为表示“年岁”之“岁”，这就与我们现在“岁”的常见用法一致了。

还有一个“我”字，也是一种兵器。它的古文字形作：

甲骨文　金文　简帛　小篆

“我”最初也是一个象形字，它是一种与戈形相似的兵器，这就是“我”字的本义。《说文解字》：“我，施身自谓也。”这里其实并非指本义，而是借用义。用作第一人称代词的“我”字或许由于其含义太抽象而没有为其专门造字，而是采用了与它读音相同或相近的兵器“我”来表示，而后久借不还，“我”就成了专用于表示第一人称代词之用。这种用法在最早在商代甲骨文中就已经是主流，“我”暂未发现用于本义的例子。

类似“岁”和“我”这样，由于太早就被借用于表示与其字形本义相差甚远的意思，导致在不看到它们古文字原形的情况下，完全无法想象它们的本义，这种情况在汉字历史发展过程中是很常见的。在文字学而言，文字之间相互借用形体来表意的情况一般都可称为“借字”，不过“借字”也分两种情况：一种是本有其字，但仍旧选择了另一个与之语音相关的字来表示，这就是通常所说的“通假”；另一种情况则如“我”字类似，是本无其字，而只能选择语音相关的他字来进行表意，这就是严格意义上的“假借”。“假借”是许慎在《说文解字·叙》中所说的“六书”之一，即：“本无其字，依声托事”，它与我们读文言文中常看到的“通假字”不是一个含义，二者应当予以区分。

伐戍戎武

“国之大事，唯祀与戎”，古代社会中战争是一个国家难以避免的国之大事，而“戈”作为古代兵器中最常见的一种代表，它常用于文字当中作义符，用以表示各种与军事相关的文字。

甲骨文　金文　简帛　小篆

上列为“伐”的古文字字形，它是一个会意字，其形体是一个侧立的人形，其颈部被一柄兵戈击中。因此“伐”的本义就是击杀、砍杀。《说文解字》：“伐，击也。从人持戈。一曰败也。”“伐”由“击杀”又引申为攻伐、杀伐，成为典籍文献中最常见的用法。如《左传》“齐师伐我”，《论语》“季氏将伐颛臾”。又由“杀伐、攻伐”之义，引申为砍伐之义，如《诗经·伐檀》“坎坎伐檀兮”，《卖炭翁》“伐薪烧炭南山中”。后世还从“讨伐”之义引申为表示言语上的批评等义，如词语“口诛笔伐”等。“伐”还可以用来表示自夸、夸耀之义，与“矜”词义相类，如《论语·公冶长》“愿无伐善，无施劳”，《史记·淮阴侯列传》“不伐己功，不矜己能”。

“戍”也是一个从“戈”作义符且字义与军事相关的字，它的古文字形体与“伐”字极为近似，写作：

甲骨文　　金文　　简帛　　小篆

“戍”字是一个会意字，和“伐”一样也是由“戈”和“人”组成，但“戍”字中两个偏旁的关系与“伐”迥异。“伐”是“戈”击穿“人”的头部或颈部之形，而“戍”则只是“人”靠立于“戈”旁，它所表达的含义是持戈戍边，因此“戍”的本义就是戍守边防。《说文解字》：“戍，守边也。从人持戈。”是为其义。“戍”由“戍边”引申为一般情况下的驻守，如杜甫《石壕吏》：“三男邺城戍。”

古代军事常以“戎马”代称，“戎”一般认为是古代兵器的总称，它也是一个从“戈”的字。

甲骨文　　金文　　简帛　　小篆

“戎”字从“戈”，“戈”中有一个方框状的形体，一般认为就是“盾牌”之形，或认为是铠甲之形，“戈”与“甲”合在一起，就是“戎装”之“戎”。因此“戎”的本义就是兵器。《说文解字》：“戎，兵也，从戈从甲。”“戎”由其本义引申为各种与战争、武器相关的意义，如可用于表示兵车，《诗经·小雅》“元戎十乘”；可用于表示军队，《诗经·大雅》“以修我戎”；用于表示士兵，《国语·晋语》“必有女戎”；用于表示战争，《诗经·小雅》“戎成不退”；等等。

《左传·宣公十二年》有一句耳熟能详的“止戈为武”，它是楚庄王用于战争中的社交辞令，意思是止息兵戈才能成就真正的武功。过去不少人曾认为“武”字即由“止戈”会意而来，其实这是一种望文生义的牵强附会。事实上“武”字所表达的含义不仅不是“止戈”，反而是“持戈”。

甲骨文　　金文　　简帛　　小篆

古文字“武”字从“止”、从“戈”，“戈”是兵器，“止”是表示行动之义，持着武器行动，很显然就是要进行征伐。所以“武”的本义是持兵动武，而与所谓的止息兵戈之义正相反。

辛 䇂 丵 宰 辥 辨 辩

甲骨文　　金文　　简帛　　小篆

上列为古文字“辛”，它是一个象形字。甲骨文“辛”字不如金文形象，从金文“辛”可看出，该字形取象于一个凿形工具，有人认为即“铣刀”之“铣”的初文。《说文解字》里还有一个部首“䇂”，有人认为该字与“辛”是不同的字，但二者实际上是有同源关系的。“䇂”字读为 qiān，它的古文字形体是：

甲骨文　　金文　　小篆

“䇂”是一个象形字，表示古代刑罚的一种刑具。《说文解字》：“辛，辠（罪）也。从干、二。”就是指“䇂”作为罪罚的工具。“辛”与“䇂”字形体没有太大差异，从二字形体和其所表达的含义来看，即使它们不是同一个字，也是属于同源关系的一组字。

汉字中带有“辛”或“䇂”作偏旁的字，多数也都与刑罚、罪罚之义有关。如甲骨文“言”“宰”二字都从“辛”。“辛”字还可以分化为“丵”，如甲骨文中“僕”字的形体。

甲骨文“言”

甲骨文“宰”

甲骨文“僕”

甲骨文“僕”的右上角就是“辛”，其上形体略微变形或缀加小点，就是“丵”，用以表示“辛”施加于其他物件之上，因此“丵”的取象当与“辛”有关。《说文解字》对“丵”的解释是有误的，但却将“丵”置于“辛”之后，说明许慎对于“丵”的造字取象于“辛”也是有所察觉的。

甲骨文“鑿”

甲骨文“商”

甲骨文“璞”

“辛”的第一个含义是“凿”。繁体作“鑿”，甲骨文“鑿”字中有“辛”，表示打凿工具，可见“辛”有凿之义。甲骨文“商”字也从“辛”，《类篇》云：“商，刻也，一名契。”“契”即是“刻”义。有人认为“商”从“辛”，或以契刻标价，或以分金以交易，可见“辛”的契刻之义。这些都是“辛”有凿之义的例子。

“辛”的第二个意义是杀宰、杀伤。甲骨文“宰”字从“辛”，学者吴其昌认为，“宰”是屋下持“辛”屠杀切割牛羊之义，故引申来表示从事该工作的宰夫。石刻文字（三体石经）中有一个异构的“宰”字，从肉从丵（辛），可见“宰”中之“辛”确实表示宰杀、屠宰之义。与此意义类似的还有一个例子，甲骨金文中的“辟”字，是指一种分裂肢体的刑罚。与“辟”相关的“劈”字可与之相互印证。古代“罪”字作“辠”，从自、从辛，“自”是鼻子，“辠”其实就是以劓刑（古代指割掉鼻子的一种刑罚）概称一切罪罚。“辜”字从“辛”，《说文解字注》云：“辜本非常重罪，引申之，凡有罪皆曰辜。”“辜”其实也是一种分裂肢体的刑罚。上述诸字都可以证明，这些字中的“辛”都表示宰杀、杀伤之义。有人认为，至于后世以“辛”表刺激辛辣之义也是与此有关的。以“辛”切割皮肉，自然会有强烈的刺激和痛楚，而这种肌体上的刺痛与味觉上受到的辛辣刺激有相通之处，故有“辛辣尖刻”将此二者形成对比。《说文解字》中有一个“辡”字，其解释为：“罪人相与讼也。”义为罪人分而两相为讼。

《说文解字》又释“辨”为“判也”。《小尔雅》释“辨”为“别也”。“判”与“别”皆有“剖分”之义。“瓣”，《说文解字》：“瓜中实也。”瓜中之实，自然需要剖开而取之，故“瓣”可指已经剖分的瓜。“辬（斑）”字，《说文解字》云：“驳文也。”“文”即“纹”，这里是说色之杂分之义。“辫”，《说文解字》：“交也。”《通俗文》：“织绳曰辫。”物可交织，则必以剖分为前提。“辩”，《礼记·曲礼》“分争辩讼”，即言“辩”是分析事理。以上诸字均从“辡”，且其字都有剖分离析之义，而“辡”为两个“辛”字组合而成，这种重复构件构成的字，往往具有对该构件的字义功用进行强调的作用，因此也更明确了“辛”字具有剖分离析之义。

拾

慎祖追宗——汉字里的礼教文德

且祖示宗

梁启超《先秦政治思想史》曾云："中国古代的政治是家族本位的政治。"所谓家族本位的政治，指的就是古代以宗族家长的权力为核心的宗族家长制。宗族家长制在中国最早萌芽于夏商周时期，它规定社会成员在宗族家庭中的地位和尊卑，这也是古人慎祖追宗的源头所在。

慎终追远是中华传统美德，对于祖先的崇敬从古至今都在人们心中占据极其重要的地位，我们可从汉字"祖"窥其端始。"祖"的古文字形体写作：

甲骨文　金文　简帛　小篆

"祖"字在甲骨文中与"且"字是同形的，或可认为此时的"且"是"祖"的初文。有学者认为，"且"字是象形字，它所取象的是男性生殖器，人们对其进行祭拜，体现的是古人的生殖崇拜观念。亦有学者认为，"且"是祖宗牌位的象形。以祖宗牌位表示先祖，亦在情理之中。而"且"字在《说文解字》中的解释是"荐也。从几，足有二横，一其下地也"。由许慎的解释又产生了一种观点，认为"且"其实是"刀俎"的"俎"的初文，"俎"字左旁的形体为两块肉，是后加的意符，“且”本身读音就是 zǔ，而以“且(俎)”表“祖”，其实是由于二者在声音上有所关联之故。学界对此莫衷一是，但不论“且”字所象者为何物，它所代表的就是“先祖”之“祖”则是毫无疑问。甲骨文卜辞中所出现的“祖”均用于表示“先祖”之义，如“祖甲”“祖乙”“祖丁”等，皆为商代先公先祖名无疑。

金文中的“祖”字已有从“示”旁的例子，“祖”所从的“示”，其古文字形体如下：

甲骨文　金文　简帛　小篆

其实最早的甲骨文字形中，“示”常写作一个“T”形，偶尔有在上部多加一笔，也有在两侧缀加几个小点。有学者认为，“示”字的古文字形体取象于神主(即祖先牌位)，持这种观点的部分学者还进一步认为“示”这个“T”形其实原本就应该释为“主”字。另外也有学者认为，把“示”字这个“T”形倒过来是“丄”，甲骨文中“丄”形多作为偏旁用在其他字中，功能是附加雄性的意思，如甲骨文“牡”字即在“牛”“羊”等动物字形上附加“丄”形，用来表示“公牛”“公羊”等，因此这里的“丄”就是雄性生殖器官的象形标志。而“丄”其实就是“且”的简省写法，这种观点一般认为“祖”中的“示”与“且”都是男性生殖器的象形。究竟孰是孰非，至今仍未有明确的证据可以断定，我们仅能根据“示”在文献中的用法，确定它是与祭祀相关的事物。

人们在“且”旁增加了“示”，大体就是由于“祖”多用于祭祀之故，因此才分化出“祖”字，以致后世一律以从“示”旁的“祖”字来表示先祖、祖宗。而原来的“且”则渐渐失去了它最初的意思，另作他字之用了。

与“示”相关者还有一个“宗”字。“宗”字本就是上从“宀”，下从“示”。“宀”为宫室、房屋之义，“示”是祭祀，因此“宗”就是宫室内行祭祀之事，其本义就是“宗庙”“祖庙”。《说文解字》“宗，尊祖庙也”，正是此解。古代祭祀均在宗庙进行，亦有严格的祭祀礼制。后来“宗”又引申为祖宗、宗族。祭祀中所谓的“宗”，还可分为“大宗”和“小宗”，这是由古人嫡庶观念而来，嫡长子一脉称为“大宗”，在祭祀中享受最隆重的祭祀规格和仪仗。而非嫡长子的嫡次子及庶子一脉则被称为“小宗”，在祭祀中的地位是次于“大宗”的。古人对先祖的祭祀中所呈现出的鲜明的等级制度，也是宗族家长制的充分体现。

姓 姑 舅

以父姓为姓似乎是古今中外普遍遵行的惯例,其原因或许是古时父系社会关系的传统遗存。“父亲”在一般家族中往往具有不可忽视的地位,这与古代社会中男性作为主要生产力是脱不开关系的。“父亲”这个身份的权威性也同样体现在汉字“父”的形体特征上。

甲骨文　金文　简帛　小篆

上书古文字即为“父”字。“父”字是个会意字,它在甲骨金文中的形体象单手持一棍棒状物的样子,有人认为该棍棒物为石斧,字形整体所表达的意思是说古代成年男子持石斧劳作,故以此为“父”。也有人认为是为父者手持棍棒以训诫子女,故以此为“父”。《说文解字》:“父,矩也。家长率教者。从又举杖。”许慎的解释与此观点相似。还有人认为“父”当解释为从“又”(即有)从“且”(即男性生殖器),因此是雄性为“父”。对于“父”字形体的解释众说纷纭,很难确定孰是孰非,但“父”用来表示“父亲”之义是早在殷商甲骨文时期就开始的,或可认为这就是它的本义。甲骨文卜辞中的“父”字,常用在“父某”等词中,用来表示父辈的称谓名，这种称谓主要以“父亲”为主，也用于表示一般的“父辈”。“父”在文献中还用于表示对男子的美称，这种“父”读为第三声 fǔ，如《诗经·大雅》有：“维师尚父，时维鹰扬。”

值得注意的是，尽管大家习惯上以父姓为姓，但“姓氏”的“姓”字却是从“女”旁的。

甲骨文　　金文　　简帛　　小篆

“姓”字甲骨文与现在写法是一致的，也是从“女”、从“生”。“生”字象草木自土里生出的样子，它在“姓”字里也就是表示人的出生。金文中的“姓”字也从“人”。《说文解字》：“姓，人所生也。古之神圣母，感天而生子，故称天子。从女、从生，生亦声。《春秋传》曰：‘天子因生以赐姓。’”意思就是说，“姓”是用来指明每个人是由谁所生的，它是一种血脉的标记，与“姓”表达的姓氏一义是相通的。因此“姓”的本义是指家族或氏族的称谓，它是一种血脉的联系。“姓”之所以从“女”旁，大概是由于在父系社会产生之前还存在母系社会之故，母系社会产生了“姓氏”，故父系社会尽管颠覆了家族中男女的地位，但仍旧遵从了由母系社会传承而来的“姓”。

在后世的家族称谓中，往往女性亲属用字均用“女”旁，男性亲属用字则用“男”旁或“人”旁。如“伯”与“娘”、“舅”与“姑”等。这些称谓大多古今差异不大，唯有一组称谓需要提出来与现代称谓做个区分。那就是“舅”与“姑”。现代称“舅”指母亲之兄弟，称“姑”之父亲之姐妹，但“舅”“姑”在古代的称谓却完全不同于此。

“姑”在古代是媳妇对婆婆的称谓。《尔雅》有云“妇称夫之母曰姑”，是为其证。此外，女婿称岳母也为“姑”，《礼记》“昏礼，婿亲迎，见于舅姑，舅姑承子以授婿”是其证。不仅如此，古代也有和现代一样，将父之姐妹称为“姑”的情况，如《诗经》“问我诸姑，遂及伯姊”，传曰：“父之姊妹称姑。”可见“姑”在古时的称谓之复杂。要分辨其具体指称为何，还要结合相关语境。不过总体来说，当与“舅”相对而称时，“姑”基本上都是指婆婆或岳母，这是值得注意的。

与“姑”相对，“舅”在古代是媳妇称公公的称谓。《尔雅》“妇称夫之父曰舅”是其证。同样的，女婿称妻之父亦曰“舅”。《三国志》：“先主未出时，献帝舅车骑将军董承辞受帝衣带中密诏，当诛曹公。”注：“董承，汉灵帝母董太后之侄，于献帝为丈人。盖古无丈人之名，故称之舅也。”和“姑”的情况一样，古代也将母亲之兄弟称为“舅”，《诗经》“我送舅氏，曰至渭阳”，传曰：“母之昆弟曰舅。”“姑”与“舅”在古籍文献中的具体含义都需要结合语境来理解，但二字对称时，则意义就很明确，因为“公婆”本是相对而称的。

这就是“姑舅”一词的古今差异。也有一种观点认为，“姑舅”的称谓其实来源于“古久”或“故旧”之义，或可备一说。

祭占卜法

“国之大事，唯祀与戎。”祭祀具有与战争同等重要的地位，它是一种从上古时期传承至今的必不可少的社会仪式。

祭祀说到底其实就是供奉祭品以奉养鬼神。“祭”字的古文字形体象以手持鲜血淋漓的肉块置于神主牌位上，正是祭祀过程的真实写照。

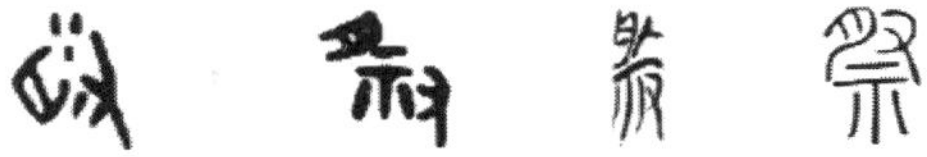

甲骨文　　金文　　简帛　　小篆

这是古文字“祭”，它是一个会意字。早在甲骨文中，“祭”字仅从“手”持“肉”，“肉”旁有表示鲜血淋漓的点状物，这是祭祀过程中以手持肉的形象描绘。金文中的“祭”字附加了义符“示”，“示”为神主牌位，义即献肉与神主。因此“祭”的本义就是以肉祭祀先祖或鬼神。《说文解字》：“祭，祭祀也。从示，以手持肉。”正是此义。

当然，祭祀中的祭品并非只有肉块，还有很多其他种类，如以酒作为祭品的“奠”、以玉为祭品的“礼（豊）”等。还有以各种动物为祭品的祭祀，如沉牛入水的祭祀、埋犬入坑的祭祀、砍杀活人的祭祀等等，古代祭祀远比我们想象的要残忍。

后世祭祀的对象主要是先祖，但也有祭天祭神的情况。祭天祭神不仅是出于对未知力量的敬畏，也出于一种渴望获得未知力量护佑的心理。这种心理往往以占卜的形式来呈现，占卜其实也是祭祀的一种衍生。

甲骨文　　简帛　　小篆

上列为古文字“占”。“占”字是一个会意字，其中的“卜”是占卜材料龟甲上的兆纹，而下面的“口”则是询问的意思，二者合二为一就是“卜问”的意思。“占”字在《说文解字》中的解释为：“占，视兆问也。从卜、从口。”因此“占”的本义就是根据卜兆判断吉凶。“占”的行为是以“卜”为基础的，“卜”字古文字写作：

甲骨文　　金文　　简帛　　小篆

“卜”是个象形字，它所象的就是利用甲骨进行占卜时，烧灼甲骨而产生的裂纹之形。《说文解字》：“卜，灼剥龟也，象炙龟之形。一曰象龟兆之纵横也。”意思就是在占卜的时候，占卜之人用火灼烧整治好的甲骨材料，龟甲经过灼烧后会产生坼裂，其裂纹就是所谓的“兆”，人们根据兆象来判定吉凶。也有认为“卜”其实也是一个象声字，因为烧灼龟甲时，龟甲坼裂时的声音正是“噗”的一声，“卜”字读音与此相同。

在占卜过程中，“卜”的裂纹方向是随机的，或左或右或上或下都有可能，而人们据此来判断所卜问事项的吉凶其实只是一种助于选择的方式而已，当判断困难时，人们往往习惯采用这种方式来做决定。这在古代诉讼中也有此例，这个例子体现在

“法”字字形上。“法”的繁体作“灋”，它和现在的简体字相比，右上角多了一个“廌”，而简化时删除的这个“廌”却正是“法”字本义的源头。古文字“灋”的写法如下：

金文　　简帛　　小篆

金文“灋”字形体与现在楷体字相同，从“水”、从“廌”、从“去”，“廌”是一种传说中的上古兽类，也就是“豹”字所从的“豸”，读为 zhì。《说文解字》解释为：“廌，解廌兽也，似山牛，一角，古者决讼，令触不直。”“解”字的解释为“一曰解廌兽也”，即“解”就是“獬”，“解廌”就是“獬豸”。根据《说文解字》对这种兽的解释可知，它在古代是作为一种刑狱中用于判断的工具来使用的。而《说文解字》对“法（灋）”字的解释是“法（灋），刑也。平之如水，从水；廌，所以触不直者去之，从去。”意思是说，古人断案时，用廌来进行判断，廌所触者就是不正直之人。用獬豸兽来辅助断狱，现在听起来似乎荒诞不经，但在古籍文献中类似的例子却有不少，如《论衡》中有用羊触不直者断狱；《后汉书》中有用獬豸触不直者断狱；《墨子》中也提到了用羊触不直者断狱。可见，过去对于悬而难决的狱讼，确实存在使用某种具有宗教意义的动物来进行审断的情况。这就是“法”字何以从“廌”的缘故。因“法”是以“廌”断案，故其本义就是刑法、法度。《尚书·吕刑》曰：“惟作五虐之刑曰法。”现代汉字“法”，则是一个因简化而完全脱离了它本身含义的字。

册典聿畫筆

说到古文字，一般人都知道商代有甲骨文、西周有金文、战国有简帛文，久而久之就会给人一种错觉，认为商代文字只书写在甲骨上、西周文字只书写在铜器上、战国文字才书写在简册上，因此简册是战国时期才出现的。这其实是一种误解，事实是以简册为书写载体是殷商时期就开始了的。《尚书·多士》有云："惟殷先人，有典有册。"意思就是说，殷商时期的人，已经具有典册。甲骨文和金文只是由于其书写材料的耐久性而得以留存下来的商周文字而已，并不是说商周时期仅以甲骨或铜器为书写材料。这个事实还可通过"典""册"二字的古文字形体来证明。

甲骨文　　金文　　简帛　　小篆

"册"字是个象形字，其形体所呈现的就是一卷简册的样子。《说文解字》："册，符命也。诸侯进受于王也。象其札一长一短，中有二编之形。"因此"册"的本义就是简册、书简。在出现纸质材料以前，古人书写的材料主要就是简册。文书载于简册，可用于多种场合，如《尚书·金縢》"史乃册祝"，这是持"册"祝颂的场合。再如颁布政令时,需持着载有政令的简册为令,因此有“册命”一词,《尚书·洛诰》亦有“王命作册”。甚至祭祀先祖时,也要以“册”书写祭文等,再将册文奉以祭台,以将重要大事祭告先祖。这种以“册”祭告先祖的行为其实就是“典”字的由来。古文字“典”字写作:

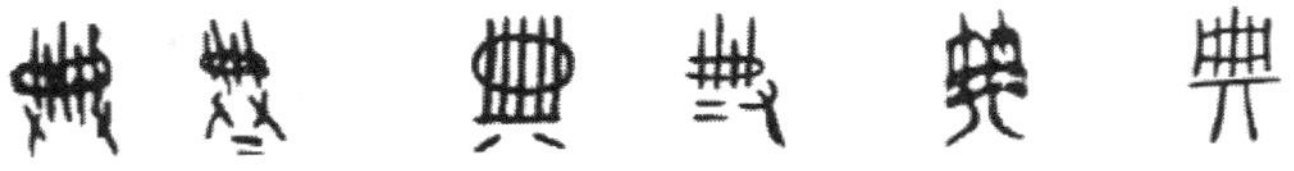

甲骨文　　金文　　简帛　　小篆

“典”字是个会意字,在甲骨文中,“典”字从“册”、从“廾”(即双手若有所捧之形),一双手捧着一卷简册的样子,以此表示奉册之义。金文中的“典”字下部所从的“廾”形已经演化为表示下基、底盘之义的“丌”,这就是现在的“典”所从。《说文解字》:“五帝之书也。从册在丌上,尊阁之也。庄都说,典,大册也。”许慎没有看到甲骨文,其解释是以金文及以后的文字材料为准,因此稍有不妥之处。甲骨文中“典”字常见的用法是“工典”一词,一般认为“工典”即“贡典”,“典”与“册”同,“贡典”就是将典册贡献于祭台以献给先祖或鬼神。按照甲骨文中“典”字的写法与用法来看,许慎所谓“大册”或有失偏颇。其实“典”的本义原本也是典册。只不过古代能书于典册被供奉于祭祀场合的,必然不是一般的典册,因此才有许慎所谓“大册”(即重要典籍)之说。

用于书写的工具有笔。现代汉字“笔”是个后起字,古代表示“笔”之义的文字,其实是“聿”:

甲骨文　　金文　　简帛　　小篆

“聿”字原是“笔(筆)”的初文,其古文字形所表达的含义就是一只手持着一支笔，笔下有分叉的毛状，当是毛笔，因此“聿”的本义就是毛笔。《说文解字》：“聿，所以书也。楚谓之聿，吴谓之不律，燕谓之弗。从聿、一声。”许慎描述了“聿”在各地的不同称呼。“聿”是一种常见的书写工具，一般以竹制，因此后世在“聿”上附加了一个“竹”以凸显其义，这就有了“筆”字，“筆”再经简化为现在的“笔”。

与“聿”相关的还有一个“画（畫）”字。

甲骨文　　金文　　简帛　　小篆

“画（畫）”字的古文字形体是在“聿”下多了一个“×”形的几何结构。一般认为这是一种纹饰符号，表示的大概是“物相杂”的意思。金文中的“画”字下面形体是田畴形，一般认为这是以笔画出田界之形。持笔有所画，且画为界限，因此“画”的本义是划分、划界。《说文解字》：“画，界也。象田四界。聿，所以画之。”文献中用其本义者有《左传·襄公四年》“画为九州”等。

凡般盘南磬声

“乐”字,《说文解字》:“乐,五声八音总名。”“五声”是宫商角徵羽,“八音”则是指金石土革丝木匏竹八种材料所制的乐器。甲骨文中“乐”字从丝从木,罗振玉解释为“从丝附木上,琴瑟之象也”。《诗经・关雎》不仅有“窈窕淑女,琴瑟友之”,还有“窈窕淑女,钟鼓乐之”。可见古人在表达情感时,常以音乐为抒发方式。中国是礼乐之邦,早在上古时期就有非常繁盛的音乐文化。

甲骨文　　金文　　小篆

上列古文字是“般”字,甲骨文“般”字写作从“凡”、从“攴”。“攴”字《说文解字》解释为“小击也,从又、卜声”,如《诗经・七月》“八月剥枣”,《毛传》:“剥,击也。”《小篆》:“此谓剥即攴之假借。”这里“剥”就是扑打的意思,也就是“攴”字表达的意思。从字形上看来,“般”字所表达的含义就是手持某物击打某种物体。这个物体究竟是什么?有人认为它其实是一种乐器。《诗经・考槃》“考槃在阿,硕人之薖”,《集传》:“考,扣也。槃,器名。盖扣之以节歌。”“凡”字与所谓器名的“槃”在读音上是有所关联的,此说或许可信。

“凡”也是“般”的声符。“般”字在甲骨文中多用为人名，如表示先祖名的“般庚”，“般庚”就是典籍中所见的“盘（盤）庚”，“般”“盘（盤）”可通。

以“攴”击打乐器的形体，在古文字中还有其他相关的字。

甲骨文　　金文　　简帛　　小篆

上书为“南”字，“南”字用来表示方位词是一种假借，它的古文字字形与上述器名“凡”或“槃”有相似之处（有人认为“南”就是“凡”，甲骨文第二个形体就是“凡”上系有吊绳之状），它也是一种被用来击打的乐器。《礼记·文王世子》有“南，南夷之乐也”，又《礼记·名堂位》有“任，南蛮之乐也”，有学者认为“南任”合称本就是一种乐器名。“南”与“任”在语音上原本也有相通，《方言》：“尸鸠……自关而东谓之戴鵀，东齐海岱之间谓之戴南。南犹鵀也。”“鵀”就是戴胜鸟，从“任”得声，这就说明“南”与“任”在声音上是可以互通的。可备一说。

除了上述乐器，古代最常见的乐器应该是“磬”，它的古文字形体如下：

甲骨文　　金文　　篆书

从“磬”的古文字形体可以看出，“磬”字是个会意字，其甲骨文形体左侧是一个乐器，该乐器或以丝绳悬于半空，字形右侧象以手持棍棒状物作敲击之状。其整体字形严格隶定的话，其实是“殸”，它所表达的就是击打乐器的样子，以此来表示所击之乐器，也就是“磬”。“磬”的初形就是“殸”。“磬”，《说文解字》云：

“磬，乐石也。”“磬”字被击打的那部分其实就是磬石，现在的“磬”字加“石”部其实是后世附加的偏旁，最初本是没有的。击磬出声，声入人耳，因此在“磬”上加一个“耳”就表示用耳可以听到的声音，这就是“声(聲)”的由来。

甲骨文　　小篆

上书为“声”字。甲骨文“声”字从“磬”，附加了一个耳朵的形状，还附加了一个“口”。“耳”表示有所听，“口”或为无意义的区别符号。甲骨文还可以直接简略作从“耳”从“石”的形体。《说文解字》：“声，音也。从耳殸声。殸，籀文磬。”

一二三四五六
七八九十廿卅

汉字“一二三四”皆是积画以成字，它们古文字的写法多与现代无异，独“四”字的写法，古文字中仍做四画：

甲骨文　　金文　　简帛　　小篆

甲骨文中“四”字一律写作四横画，金文中开始出现了现在“四”的形体，但以四画为“四”的写法直至小篆时期仍是可见的。

“五”以下的写法则开始有了差异。“五”字古文字形作：

甲骨文　　金文　　简帛　　小篆

“五”字《说文解字》云：“五，五行也。从二，阴阳在天地间交午也。”这很显然是一种牵强附会之说。“五”的古文字形体写作交错状的一个未知形体。有学者认为，“五”最初的本义就是表交错，而当“五”被假借来表示数字之后，其原本的“交错”义，就由“午”字取代了，如《仪礼·特牲馈食礼》“午割之”，就是交错地进行切割。

甲骨文　　　　金文　　　　简帛　　　　小篆

“六”字古文字形体如上所示，它最初写作一个近似茅屋的样子，因此有人认为，“六”象茅庐之形，甚至它可能是以“庐”为声的一个字。由于“六”在甲骨文卜辞中就已经被借用为表示数字，而不见其他用法，故此说只可留以待考。不过甲骨文和金文中的“六”字字形与“出入”之“入”的形体近似，偶尔有混用的情况，或可认为“六”与“入”也有着某种关联。

甲骨文　　　　金文　　　　简帛　　　　小篆

上列所示不是“十”，而是古文字“七”。“七”字的古文字形体与现在的“十”形似，是个垂直交叉之形。《说文解字》：“七，阳之正也。从一，微阴从中斜出也。”此说似有不确，“七”的本义或许与“切”有关。一般认为“七”中的横画表示被切割的物体，而纵向横笔表示将该物切断，因此它是“切”字的初文。用作表示数字，则是一种借用。“七”被借用为表示数字后，为表示“切割”之义，就在其偏旁上附加了一个“刀”旁为义符，这才分化出“切”字。

甲骨文　　　　金文　　　　简帛　　　　小篆

《说文解字》：“八，别也。”“八”字本来的意思是分开、分别。古文字“八”与现在的字形结构完全相同，其形体就是突出物从中向两边掰开之义，在这个意义上，“八”字可以认为是“分”字的本字。当“八”被借用来表示数字后，就另造了一个字来表示“分别”之义，即“八”上附加一个“刀”旁，突出以刀剖分之义，这就是后来的“分”。

甲骨文　金文　简帛　小篆

上为古文字“九”。“九”的古文字形体象一个有柄的曲形刀具，或认为是一种镰刀形，这或许是“九”的本义，但由于“九”也是早在甲骨文时期就被借用来表示数字了，故其本义很难有明确定论。《说文解字》：“九，阳之变也。象其屈曲究尽之形。”许慎的说解也暂无其他证据可辨其是非。

甲骨文　金文　简帛　小篆

上书为古文字“十”，其形体似“丨”状。有观点认为，古文字“十”所表达的含义与上古结绳记事一说有所关联，尤其金文中的“十”形在“丨”状中间有一个圆点，似绳结状。因此认为上古以结绳记事，满十则系一个结。战国文字将“十”中圆点改左小短横，这才有了现在看到的“十”。当然这只是一种猜测，“十”早在甲骨文中已经用作数字之字，其源头尚待进一步考究。《说文解字》：“十，数值具也。”意思大概相当于说“十”是数字中一个整数。

一“丨”为“十”，两“丨”则为“廿”，即“二十”。

甲骨文　金文　简帛　小篆

上列即为古文字“廿”,“廿”字读为 niàn,意思就是二十。事实上它的形体也是由“二十”而来,由上列古文字“廿”形可知,它所表示的就是两个“十”字下部被串联在一起的样子。《说文解字》:“廿,二十并也。”这应该就是它的本义。

两“丨”为“廿”,则三“丨”为“卅”,就是“三十”。

甲骨文　金文　简帛　小篆

和“廿”的形体一样,“卅”的形体所表示的也是三个“十”字下部被串联在一起的样子,这就是“三十”,即“卅”。《说文解字》:“卅,三十并也。”古人曾有“三十年为一世”的说法,因此“卅”与“世”的来源是有所关联的。

文章彡修攸彫形

古人不仅有五色以分辨事物的色泽，还通过纹理图案来修饰事物。

甲骨文　　金文　　简帛　　小篆

上列为“文”字的古文字形体。“文”字甲骨文字形是一个正面站立的人形，突出人形胸部有纹饰，因此“文”即“纹身”之“纹”的本字。《说文解字》：“文，错画也。象交文。”说的就是“文”的本义：纹理、花纹。《荀子·非相》云“美于黼黻文章”，所谓“文章”与现在的文书篇章之义有别。《说文解字》中有一个从“文”、从“彡”的“彣”字，解释为“有彧也”。这个“彣”其实才是“文章”（表文采之义，非写文章之“文章”）之“文”的本字。“章”字孳乳出“彰”，而“彰”有“显著昭明”之义，所以“章”应该也有“明”之义。《周易》“品物咸章”，《注》曰：“章，明也。”《尚书·伊训》“嘉言孔彰”，《广韵》：“彰，明也。”“章”“彰”二字的同源关系很明显。“彰”字所从的“彡”包含“文章”之“文”的意思。商代有见“章甫”“章服”之词，用来表示具有彩色图案的服饰，以此彰显衣着者的身份地位，有“标识”的作用。“章”字在金文（颂簋）中的字形是从“辛”会意的，然而在“辛”上刻花纹，就是“彰”，也是一种“标识”作用。现代汉语中包含“章”字且与此“标识”义有关的词语有“印章、奖章、规章、徽章”等。段玉裁注《说文》云：“凡言文章皆当作彣彰。作文章者，省也。”是因为后来“文章”二字盛行起来，而“彣彰”才慢慢被淘汰。

一般包含偏旁“彡”的字，大多都与文饰有关。如“形”，是形状图形的意思；“彫（雕）”，是雕琢纹饰的意思；“修”，是修饰之义等。“修”与“攸”是同源关系。西周金文中“攸”与“修”字形有相同的情况（如《壶》中“修”与《毛公鼎》之“攸”的写法完全一样，可知二者至少曾有一段时间是同形的。有学者认为，“修”字字形是以水洗刷人的后背，故“修”就是“洗涤”的意思。“修”字从“攸”声，“涤”字繁体作“滌”，是从“條（条）”得声的，而“條（条）”又是从“攸”得声的，因此“修、洗、滌（涤）”由于声音相同或相近而可以相互通用。古籍中“攸”与“迪”是可通用的，“迪”从“由”得声，而“由”实与“修”音同互通，因此“由”“迪”“修”三者都是同音的，“迪”现在的读音也正与“滌（涤）”相同。

“修”字的本义是清洗装饰。《楚辞·离骚》有“修能”一词，这里“能”就是“姿态（態）”之“态（態）”，与文章上句的“内美”正好相对，因此这里的“修”就是用了本义，在此处可理解为与清洗装饰相关的“洗浴”“洁美”之义，“修能”可以理解为“洁美的姿态”。我们常说的“修身”，应当也是与此意有较大关联的，即洗浴身体才是其本身的意义。

直德正征

甲骨文　　金文　　简帛　　小篆

上列古文字形是“直”字，其形体是一只眼睛的形状，其上有一笔竖线。甲骨文从“目”，从竖画，整体是个会意字，会“直见”之义。“目”上的竖划其实是甲骨文的“十”字，所以也就是从“目”从“十”（或以为从“十”声），与现在“直”字上部的“十”字是正好对应的。金文字形中的“直”追加了一个曲折笔画，其实这个形体所对应的就是“直”的一个异体字形“直”。《说文解字》：“直，正见也，从乚从十从目。”指的就是“直”字的本义：直视。“直视”就是正视，人在心无旁骛、坦诚相待时往往能直视他人，因此“直”又引申为“正直”之义。“正直”是发自内心的一种道德观念，因此它与道德有所联系，这就不得不提到由“直”字形所派生出来的另一个字：德。

现代汉语中的“德”字看起来与“直”字在字形上似乎毫无联系，事实上，“德”字的古文字形体却是实实在在由“直”而来的。

甲骨文　　金文　　简帛　　小篆

上列即为古文字“德”。甲骨文中的字形，一般按照隶定将其释作“徝”字，所谓“徝”，从“彳”、“直”声，它原本就是“直”字的繁文，也是“德”字的初文。“徝”字古通“陟”，《集韵》：“陟，《说文》：‘登也。’”也表前进之义。与“直”的直视前方之义是有所关联的。

“德”在甲骨文中的形体结构由表示道路之义的“彳”和表示目视前方的“直”构成。在上古汉语中，“德”与“直”是同音或近音的，或说二者实为一字，可以互通。甲骨文中“德”字的写法还有从“行”旁的，古汉语中“行”是表示与道路相关的意义，如《诗经》有“高山仰止，景行行止”，《集传》：“景行，大道也。”现代汉语中的“道德”“德行”等词，之所以将“德”与“道”“行”组合，本就说明了“德”字最初表达的意义就是与道路相关的。《诗经·小雅》有“周道如砥，其直如矢”，古人往往喜欢将“道路”与“直”进行关联，也是“德”“直”与道路之义有关的一个证据。这里所说的“直”就是“正直”的意思，“正直”正是“道德”的规范之一。

“德”字初文作“徝”，追加心旁则为“德”。《说文解字》：“德，开也。”其实光从字形来看，最初“德”字的形体结构仅包含“彳”“十”“目”，结构与“德”似乎没有相似之处，但细看“德”就能发现二者的交集。“直”字异体写作“直”，将该形体中间的“目”调转90度横置的话，就成了“德”字右上角的样子。典籍中以“悳”为“德”，“悳”与“惪”同，二者差异仅在于“目”字的朝向。“悳”，从心从直，会内心正直之意，“直”也是声符。《说文解字》：“悳，外得于人，内得于己也。”因此“惪”也是“德”的异体。

“正直”作为一种“德”行，不光因为“直”与“德”的上述继承关系，它还影响到了“正”字的发展。古文字“正”写作：

甲骨文　　金文　　简帛　　小篆

从甲骨文字形可以看出，“正”字还有附加了偏旁“彳”的情况。古文字为表意明确，往往在原字形上附加多个义符，这个“彳”是“行”的一半，作为义符，它所附加的含义就是表行动、行为。“正”作为一种行为，其实就是“征伐”之“征”，二者原本同为一字。

甲骨文　　金文　　简帛

甲骨文中“征”字与“正”字完全相同，足以证明“征”字的初文就是“正”。最初“征”只是表示“征行”之义，后来引申为“征伐、讨伐”。在古代战争中，正直的战争行为往往被称之为“征”。而“征”字的字源其实是“正”，因此“征”字其实是从道德的角度对战争中正直行为的一种认定，它是属于具有“道德”的一方。如《左传》：“征伐以讨其不然”；《国语·周语上》“穆王将征犬戎”，注曰“征，正也，上讨下之称”；等等。

美義善鲜

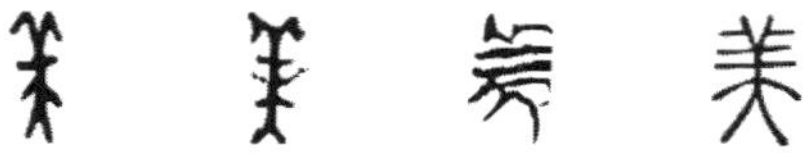

甲骨文　金文　简帛　小篆

上列为古文字“美”。“美”字的原本含义是头戴羊(或羊头)形装饰的人。《说文解字》:“美甘也。从羊从大。羊在六畜主给膳也。美与善同意。”所以“美”后来多表“甘美”之义。一般表示“甘美”之义的东西,往往是生命力旺盛的,所以“美”字的字源含义原本还包含有“盛大”之义,这就是过去常解释甲骨文“美”是“羊大为美”的缘故。

“美”和“善”的意义是相同的。古籍中“美”“善”同义的例子有很多,如《论语·八佾》有“又尽善也”,皇侃《论语义疏》云:“善者,理事不恶之名。”《吕氏春秋》有“所以善伐者乃万故”,注曰:“善,好也。”《周礼》:“善夫,掌王志饮食膳羞。”这与《说文解字》中对“美”的解释有异曲同工之妙。因此,凡从善得声或与“善”字同源的一系列字,往往也表达与饮食有关的“鲜美”之义。

“善”之所以有“鲜美”之义,其实是由于它与“鲜美”之“鲜”也有同源关系。《荀子·劝学》有“非蛇蟮之穴无可寄托者”,“蟮”可作“鳝”,二者都从“善”声。“蠏(蟹)”,《说文解字》曰“蠏有二敖而八足，旁行，非蛇鲜之穴无所庇”，其中“蟮”字作“鲜”，这就是“善”与“鲜”同义的一个最好例证。“鲜”即为“鲜美”，《礼记·内则》“冬宜鲜羽”，《郑注》解释为“鲜鱼、活鱼”。《诗经·邶风·新台》“燕婉之求，蘧篨不鲜”，郑笺曰：“鲜，善也。”《诗经·小雅》“嘉我未老，鲜我方将”，郑笺曰：“嘉、鲜皆善也。”这些“鲜”“善”都可以互训，而它们表达的也都是与“美”相关的含义。

除了“善”以外，“美”还和“義”有所关联。

甲骨文　　金文　　简帛　　小篆

“義”字的古文字形体如上，它是一个由偏旁“羊”和“我”字组合而成的字，实际上是从“羊”并由“我”而得声的一个形声字。《说文解字》解释为“从言我声，嘉善也”，其实许慎对它的解释是有误的。《释文》中有一个从“厂”、从“義”的“羛”字，它是从“義”得声的，还可以写作从“厂”从“我”。《说文解字》里也有“羛”字，并认为该字从“義”得声。可知“義”字与“我”字当为音同或音近的关系，这就是“義”字从“我”得声的一个证据。

与“義”相关的一系列字，都具有“高大、美盛”之义，如“誐”，《诗经·周颂》曰：“誐以谧我。”《毛诗》作“假以溢我”，《毛传》说：“假，嘉。”“羛”，指山之高大。“峨”也指山之高大状。“娥”，指女子体态丰满美好。《诗经·卫风》：“螓首蛾眉，巧笑倩兮。”《通释》：“蛾，娥之借。《方言》：‘娥，好也。’《广雅》：‘娥，美也。’”秦晋等地旧俗以女子高大丰满为美。“娥”就用以表示“美”的含义。古代“宫娥”一词，其实就是指美女。

“義”字与“美”的关系，不仅表现在以上一系列从“我”得声的字中，还可以从文字同源关系上展开分析。“義”为“儀”的初文,“儀”是“義”的孳乳字。金文《墙盘》中“儀”的字形就与“義”字相同。“儀”就是用来指人的体态外表所呈现出的美感,而它的字源就是“義”,所以它自身也就有了“美善”之义。《诗经·小雅》“无非无儀,唯酒是议”,《郑笺》:“儀,善也。”《诗经·鄘风》“髧彼两髦,实维我儀”,《毛传》:“儀,匹也。”

“美”“善”“義”都取象于同一构件“羊”,这大概就是它们之间关系密切的起源吧。

嘉喜良宜

人们对美好的追求总是多多益善的，这一美好追求也体现在我们的语言文字中。汉字中除了“美”“好”“善”等字外，还有诸多表示嘉美之义的字词，如“嘉”“良”“宜”等。

“嘉”字字形从“壴”，“加”是它的声符。

甲骨文　金文　简帛　小篆

“嘉”字的古文字形体如上所列，其中甲骨和金文字形中可以清楚看到“壴”字，“壴”是“鼓”字初文，也就是钟鼓之“鼓”的意思。甲骨文中左上角似“木”的形体有人认为是“壴(鼓)”上的装饰物。字形右边的形体是“力”字，但它一般被认为是“加”的简省形式(古文字中有些字加“口”不加“口”往往没有区别)。在金文中的“力”则是字形中段部位那个拉长变形成长臂爪状的形体。战国简帛文字中的“嘉”字形体较为多变，有时也会省略“口”形。但到小篆中，“嘉”字的形体基本就固定为如今我们所看到的样子。

有关甲骨文中的“嘉”字，其实学界还有另一个观点，认为甲骨文中表示“嘉”的文字并非如上所列，而应该是如下这个形体：

甲骨文

该字在甲骨文中被隶定为“妿”，字形左边是“女”，右边则是“力”。有人认为这里的“力”也是“加”的省形，也有人认为“力”字古读就是“加”。总之持此观点者都认为这个甲骨文字形应当是读为“嘉”的，它的意思与女性生育孩子有关。这一点在甲骨卜辞中可以得到证实。

甲骨卜辞中有一个固定的词语：“冥嘉”。“冥”字一般被释为“娩”（与分娩之“娩”字同），故而“冥（娩）嘉”就是“分娩生子”或“分娩顺利”（亦有认为是“生男为嘉”）。在这里的“嘉”似乎已经包含了“好”的意思，因为分娩作为繁衍子息来说自然是好事，以“嘉”来修饰“分娩”是再理所应当不过的。在《楚辞·天问》中有这样一句话：“玄鸟致诒，女何嘉。”其中的“玄鸟”就是《诗经·玄鸟》中“天命玄鸟，降而生商”之“玄鸟”。结合《史记·殷本纪》中的记载，可知这是讲的帝喾的妃子——有娀氏之女简狄，因吞食了玄鸟之卵而生下商代始祖“契”的故事。因缘于这段上古传说，后世典籍中常以“燕”（即玄鸟）字来传达男女婚配、繁衍生殖等信息。因此，《楚辞·天问》中“女何嘉”之“嘉”，也应当是与生殖繁衍相关的意思。而抱持着生殖崇拜意识的古人往往以生殖繁衍为善、为美，这也就是以“嘉”为善、为美，因此，就很能解释得通为什么后世与“嘉”相关的词，大多都表达美、善等义了，如“嘉奖、嘉许、嘉宾、嘉尚”等。

上面提到“嘉”字从“壴”。其实从“壴”且与“嘉”的意思相关的字，还有一个“喜”。

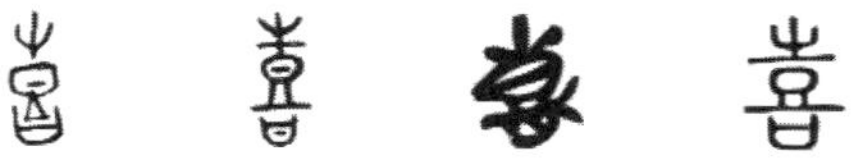

甲骨文　金文　简帛　小篆

“喜”字最早见于甲骨文，它的声符是“壴”，下面的“口”只是字形分化中的一种分化符号，不具有实际意义。在古文字中，“喜”字与“壴”有很多相通的情况可以为证。如“熹”字的古文字形体其实是上“壴”下“火”（即四点底），但《说文解字》对其解释却是“熹，炙也。从火，喜声”。这就是说，“熹”字的声符是“喜”，形体却是“壴”，可见“壴”与“喜”是不别的。

“喜”字《说文解字》解为“乐也”。因此偏旁从“喜”的字，也多含有喜乐之义，如“僖”“禧”“嬉”等字均与喜乐有关。

“良辰美景奈何天”之“良”，《说文解字》释为“善也”。

甲骨文　金文　简帛　小篆

甲骨文“良”字形体看起来较难理解其所象之物，有学者认为字形中间的方框是居室，而上下形体是贯穿居室的回廊，因此“良”其实就是“廊”的本字。这种说法或可作为一种参考。上古时期，先民巢穴而居，地穴生活自然很需要通风采光，因此，“良”字包含有光明之义。这一意义也反映在其他从“良”得声的字中，如“烺”“朗”“琅”等。

“宜”字的古文字形体与刀俎之“俎”有很大关系。

甲骨文　金文　简帛　小篆

甲骨文“且”字过去有两种解释。一种认为它是“俎”的初文，也就是刀俎之义。而上列“宜”即从“且”，在“且”字中有两个似“夕”的形体其实是肉块，因此“宜”就是肉在刀俎之形。对“且”的另一种解释认为它是神主（祭祀时的神台）之形，那上举“宜”字就是祭祀用的肉品置放于神主之上的意思。不论“且”作何解，“宜”就是在“且”上置放肉块，可以认为是菜肴之义，亦可认为是祭品之义。

“宜”字在《汉语大字典》中的第一个义项即其本义：菜肴。通过菜肴丰盛之义，“宜”字又引申为祭祀品丰盛之义，因此有了表示祭祀名的“宜祭”。（若按上述“且”作神主的解释，则“宜”表示“宜祭”就是从其本义而来，而非由引申义“丰盛”而来。）《周礼·春官》“大师宜于社、造于祖”，这里“社”（即社神）是“宜”祭的对象。从“宜”字的古文字字形可以看出它与后来的“刀俎”之“俎”是同源关系，“俎”只是将“宜”字内部的“多”形外移到了字形左侧。因此也有不少学者认为“俎”“宜”本就是一个字。

《说文解字》：“宜，所安也。”《诗经·桃夭》：“宜其室家。”就是此义。后引申为“适宜”，如后世常言“诸事皆宜”。“宜”又可通“谊”，表示合理之义，如《管子》“案主当宜，行其正理”，俞樾有注解说“宜乃谊之省”。是为其证。

黄赤红紫青白素黑

古人崇尚五行之说，凡事物皆喜以“五”为数，除了常说的“五行”之外，还有“五音”“五味”“五谷”“五色”等。古人对色彩的审美与现代不同，古代所谓“五色”主要指的是“青、赤、黄、白、黑”。

甲骨文　　金文　　简帛　　小篆

上列为古文字“黄”的形体。在甲骨文中其实与“寅”是同形的，一般认为二者为一字分化。对于“黄”的字形分析，一般认为其中间部位应该为“矢”，但具体所表含义至今未有明确定论。“黄”字在古文字中最初所表达的含义应该是与颜色之“黄”没有直接关系的，之所以用该字表示颜色，应该只是出于假借，也就是说，最初表示黄色之义是没有专用字的。

《诗经·绿衣》的“绿衣黄裳”“绿衣黄里”，根据朱熹的解释“黄，中央土之正色”可以看出，黄色被认为是与中央一样的正色，是尊贵的。其实《诗经》中的句子，是通过黄、绿两种颜色的位置替换来讥讽诗中所表达的尊卑关系的颠倒，也就是说，在当时人的观念里，是以“黄”为尊贵的服色的。这种情况还延续到了后世，如后世帝王多以黄袍为服的习惯。

“赤”在现在看来就是“红”。《说文解字》：“红，帛赤白色。从糸，工声。”也就是说“红”的本义是赤白色的帛。唐代杨汝士有诗文《贺筵占赠营妓》“一曲高歌红一匹，两头娘子谢夫人”，这里的“红”就是用的本义。

除了“红”以外，表示“赤”的还有“朱”，“朱”也是被古人视为正色的一种颜色。《论语・阳货》有云：“恶紫之夺朱也。”《集传》：“朱，正色；紫，间色之好者。恶其以邪好而乱正色。”因此“朱紫”一词在古代往往是用来表示正邪、是非的。“朱”用来表示正面，可从相关词汇中看出，如“朱门”等。“紫”在最初用来表示邪，但其后也随着观念的改变获得一定的认可，这是古人审美倾向的变化，如后世常见的表尊贵的“紫袍金带”“紫霄”“紫薇”等词，就是“紫”色慢慢受到人们青睐的证据。

“青”被认为是东方之色，东方青龙对应的就是“青”。

金文　简帛　小篆

“青”字古文字形从“生”，以此表示草木新生之义。从“井”则为声符。一般认为“青”所表达的含义是草木新生之色，《释名》：“青，生也，象物生时色也。”是为其证。也有观点认为，“青”字下面所从的是“丹”，“丹”字就是在“井”中加注一个横点以表示井中丹砂之义。因此认为“青”也和“丹”一样，是指由井中（地下）挖掘而出的一种色料。“青”在文献中一般用来表示一种深绿或深蓝的颜色，《荀子・劝学》有“青取之于蓝，而青于蓝”。

甲骨文　金文　简帛　小篆

这是“白”的古文字形。“白”字在甲骨金文中有两个意思：一是用来表颜色，二是用来表示“伯仲”之“伯”。到后来真正分化出“伯”字后，“白”才专用来表示颜色。文献中表示“白色”之义的还有一个“素”字。《说文解字》：“素，白緻缯也。”可见“素”的本义是未经染色的素白生帛。《玉台新咏·古诗为焦仲卿妻作》“十三能织素，十四学裁衣”，就是用了这个本义。后来“素”引申为表示像生帛一样素白的颜色，如《楚辞·九歌》“绿叶兮素华，芳菲菲兮袭予”。

甲骨文　　金文　　简帛　　小篆

上列为古文字“黑”。甲骨文“黑”字为一个很特别的正面人形，在其脸部或头部有一些特殊的标记。历来对该字形的解释众多。有人认为这是一个面部遭受了墨刑的人，字形中突出的那个圆形为墨刑痕迹，因此有人认为它就是“墨”字的初文。《白虎通》云“罪者，墨其额也”。甲骨文中的“艱(艰)”字左边的形体与“黑”字相同，二者经常可以互通。偏旁从“黑”得声的“墨”“默”等字都有黑的意思。“黑”字的原始意义尚难确定，但在甲骨文中，“黑”字是用于表示颜色的。与“黑”有关的字可以联想到“黔”。“黔”字的本义就是“黑色”，而这个字在古代常用来表示庶民。《礼记》“明命鬼神，以为黔首则”，注曰“黔首，谓民也”，孔疏：“黔谓黑也，凡人以黑巾覆投，故谓之黔首。”“黔首”还可以别称为“黎首”，“黎”也有黑色的意思，现在的“黎民”仍旧是指庶民。